中津燎子の英語音声塾

一から作る
自分の英語音

中津燎子の英語未来塾

目次

Column

序章 本書「中津燎子の英語音声塾」について

この本は、私、中津燎子が創り、現在に至る活動を続ける教育組織での指導の歴史を基にした「指南書」です。始めに、私の紹介、創った塾、そして本書の特徴をまとめました。楽しく取り組みながら、深いコミュニケーション能力を育むことを目指しています。未来塾の世界にようこそ！あなたの「未来」が待っています。

1. 未来塾について

未来塾とは、英語の発音訓練を通じて、地球社会的人材を育てることを目的として中津燎子（なかつりょうこ）が1982年に大阪で成人向けに開講した「未来塾」が始まりです。東京では1984年にスタートしました。バベル翻訳・外語学院（現在はBabel University）の１講座として15年間続き、その間、500名以上が受講しました。バベルの講座は1999年に終了し、それまでに大阪、名古屋での未来塾も終わりました。（ここまでの活動を「１期」と呼びます。）その後、1999年に東京未来塾の教え子有志が主体となり、改めて「未来塾」（2004年に呼称を「中津燎子の英語未来塾」に変更）として教育・出版活動を再開し、現在に至っています。（再開後の活動を「２期」と呼びます。）現在も継続してレッスンを実施しています。

当初、未来塾は任意団体でしたが、2007年に法人化し、「一般社団法人中津燎子の英語未来塾」となりました。（以下、本書では法人としての未来塾と教育機関としての未来塾を総称し「未来塾」と呼びます。）

2. 中津燎子について

未来塾創始者である中津燎子は、1925年（大正14年）に博多（現在の福岡市）に生まれました。３歳のときに、領事館付ロシア語通訳者である父親の旧ソビエト連邦赴任に帯同され、ウラジオストク市に移ります。その後、12歳で日本に帰国します。太平洋戦争の時代を生き、戦後GHQで電話交換手として働き、その時の活躍が認められ、31歳で留学のために渡米します。卒業後に会社員としてシカゴ市で働き、研究者として滞在していた日本人と結婚し、２子をもうけます。夫の大学教員就任に伴い帰国し、最初は盛岡市に住みます。2011年にこの世を去るまで、主婦業の傍ら、英語指導と著作執筆に携わりました。2冊目の著作、「なんで英語やるの？」が第５回大宅壮一ノンフィクション賞を受賞し、そこから活動の幅が広がり、メディアにも登場しました。活動は広範囲に及びますが、本人は職業として英語を教えている訳ではなく、英語学者でもなく、あくまで自分の経験に基づく実務的な英語教育を行うという姿勢を貫きました。（詳しくは未来塾ウェブサイト、および中津の著作をご覧ください。なお、中津の12冊の著書は全て廃版となりましたが、未来塾が「なんで英語やるの？」を復刻しました。今後も著作の復刻を続けます。）

3. 本書作成のねらい

本書は、直接中津燎子の指導を受け、その後講師として２期を運営している者たちが、未来塾での指導の内容、訓練で使った教材、中津の指導映像、および中津の著作12冊を参考にして未来塾としての教授方法をまとめたものです。

塾運営者としてのこの本を書く動機は次の２つです。

１つ目は、中津の教授方法を継承し、次代に受け渡すために、講師により中津方式を書き残すことです。一般読者の英語学習に資するものであると同時に、未来塾の教科書として使うことを想定しています。２期において、中津は1999年から2002年前半まで、塾顧問として年間数回、受講生に対する直接の指導をしました。2002年後半から現在までは、講師のみによる指導となりました。２期は人数としては１期よりも小規模での開催でしたが、中津の指導がなくても１期と同じように異文化コミュニケーション能力を持つ人材を育てることができました。

講師のみの運営と成果により、方法論としての中津方式の有効性を確かめることができました。中津は自分でも著作の中で教授方法について書いています。しかし、それらは中津独特の表現による部分が大きく、分かりにくいところがあるので、それを講師の平易な言葉として記しました。(未来塾独自の用語、表現は残ります、その解説は書中で行っています。)

2つ目は、本書に中津の指導映像を取り入れ、未来塾を経験していない方でも中津方式による自習ができるものとすることです。中津方式は日本では他にはない学習方法なので、講師の指導を受けずに本書のみで完全に習得することは難しい部分があります。しかしながら、中津の映像に触れてもらえれば、未来塾が目指す音声の切れ、強さなどを知ることができるでしょう。

中津に直接手ほどきを受けた者は4,000名に及びます。さらに、中津の指導を受けた講師、教師の下で中津方式により英語を学んだ方は1,000名を超えます。本書が、それらの訓練経験者の復習・確認に資するものにもなることも本書を準備した者の願いでもあります。

4. 本書の構成

「未来塾のすすめ」は2分冊構成となっています。今回は音声編を出版しました。内容編は2022年(以降)の出版を予定しています。

どの言語もそうですが、特に英語においては音声と内容は不可分です。音声を磨いても内容の理解、構成が深まらなければ、強く訴えかける音声にはなりません。また、内容が整っていても音声が悪ければ説得力を持った伝達にはなりません。塾での訓練は、最初は音声から入り、途中から内容の訓練も並行して進みます。最初の「初級コース」では、他者の文章によるスピーチ訓練を到達目標とし、音声訓練の比率が大きくなります。それに続く、自作文の発表を到達目標とする「中級コース」では内容編の比率を上げ、ディベート実施を組み込んだ高度な訓練を取り入れます。訓練においては、音声訓練であっても意味のある文章を題材とする課程以降では受講生に内容の理解を促します。同時に、日本語による内容訓練であっても音声を疎かにしません。音声、内容の訓練を行き来しながら、それぞれの小さく分けた到達段階を一つずつ上がり、最終的に両方の能力により構成される質の高い自作文を英語で発表することが最終的な到達目標です。(訓練における音声編、内容編の到達段階は「積み上げ方式設計図」(10ページ)をご覧ください。)

しかしながら、テキストにおいて音声編と内容編を同時に掲載すると読者にとって分かりにくく、講師の指導がなければ習得が困難な部分があるので、テキストとしては完全に分けました。

5. 未来塾が目指す英語

未来塾が目指す英語は、米国で最も広く、一般的に使われている「一般米語GA-General American」です。(米国では他に東部型、南部型があります。)これは主に以下のような特徴があります。

- R音は舌を巻いて作る。(語頭、語中、語尾のいずれにあっても)
- wh-の綴りのうち、w音があるものはh-wの音を作る。
- 発音記号「ŋ」はn-gの音を作る。

中津は昭和30年代の約10年間、GAの中心とも言えるシカゴ市で暮らしました。そこで習得した英語を日本に持ち帰り、指導をしました。R音を舌を大きく巻いて作るのは特徴的な指導の1つです。全般的に個々の音を正確に作り、疎かにしないということを指導の基本方針としました。現在では、社会のグローバル化、インターネットの普及等の理由で世界中の人々が英語を話します。そのような条件の中、発声に手間取る音声は省略される傾向にあります。上記に挙げたwh-の綴りでは、多くの人がh音を発声しなくなりつつあります。Th-音も、摩擦音の要素が弱まり、t-音に近づく傾向があります。コミュニケーションに係る知識としてそのような傾向は知らなくてはいけませんが、未来塾では、あくまで原型としての正確な音声の習得を目指します。公式な場面では正確な音声が求められますし、それができていれば変化型にも容易に対応できます。

但し、音声の説明に当たっては、GAに限らず英語全般に係る観点からの説明も適宜記載しています。

6. 本書利用の注意点

⑴ 中津が語ること

紙面では中津がキャラクターとして登場していますが、ここでのやり取りは中津が残したものではなく、執筆者の創作です。その表現においては、中津の著作を参照していますが、必ずしも一致しない部分もあります。しかし、それは中津の説明を変更するものではなく、現在にあって分かりやすいものとなるよう、執筆者の判断で修正・加筆したものです。

⑵ 読む順序

紙面は大きく３つに分かれています。

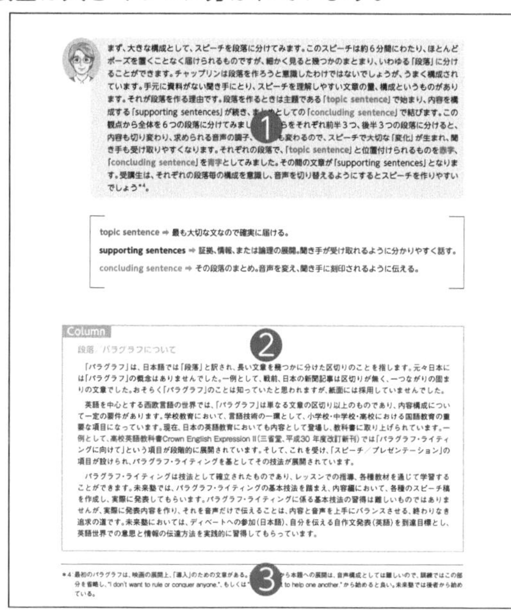
まず、大きな構成として、スピーチを段落に分けてみます。このスピーチは約６分間にわたり、ほとんどポーズを置くことなく届けられるものですが、細かく見ると幾つかのまとまり、いわゆる「段落」に分けることができます。チャップリンは段落を作ろうと意識したわけではないでしょうが、うまく構成されています。手元に資料がない聞き手にとり、スピーチを理解しやすい文章の量、構成というものがあります。それが段落を作る理由です。段落を作るときは主題である「topic sentence」で始まり、内容を構成する「supporting sentences」が続き、ま…としての「concluding sentence」で結びます。この観点から全体を６つの段落に分けてみまし…らをそれぞれ前半３つ、後半３つの段落に分けると、内容も切り変わり、求められる音声の調子、…も変わるので、スピーチで大切な「変化」が生まれ、聞き手も受け取りやすくなります。それぞれの段落で、「topic sentence」と位置付けられるものを赤字、「concluding sentence」を青字としてみました。その間の文章が「supporting sentences」となります。受講生は、それぞれの段落毎の構成を意識し、音声を切り替えるようにするとスピーチを作りやすいでしょう*4。

topic sentence ⇒ 最も大切な文なので確実に届ける。
supporting sentences ⇒ 証拠、情報、または論理の展開。聞き手が受け取れるように分かりやすく話す。
concluding sentence ⇒ その段落のまとめ。音声を変え、聞き手に刻印されるように伝える。

Column

段落／パラグラフについて

「パラグラフ」は、日本語では「段落」と訳され、長い文章を幾つかに分けた区切りのことを指します。元々日本には「パラグラフ」の概念はありませんでした。一例として、戦前、日本の新聞記事は区切りが無く、一つながりの固まりの文章でした。おそらく「パラグラフ」のことは知っていたと思われますが、紙面には採用していませんでした。

英語を中心とする西欧言語の世界では、「パラグラフ」は単なる文章の区切り以上のものであり、内容構成について一定の要件があります。学校教育において、言語技術の一環として、小学校・中学校・高校における国語教育の重要な項目になっています。現在、日本の英語教育においても内容として登場し、教科書に取り上げられています。一例として、高校英語教科書Crown English Expression II(三省堂、平成30 年度改訂新刊)では「パラグラフ・ライティングに向けて」という項目が段階的に展開されています。そして、これを受け、「スピーチ／プレゼンテーション」の項目が設けられ、パラグラフ・ライティングを基としてその技法が展開されています。

パラグラフ・ライティングは技法として確立されたものであり、レッスンでの指導、各種教材を通じて学習することができます。未来塾では、パラグラフ・ライティングの基本技法を踏まえ、内容編において、各種のスピーチ稿を作成し、実際に発表してもらいます。パラグラフ・ライティングに係る基本技法の習得は難しいものではありませんが、実際に発表内容を作り、それを音声だけで伝えることは、内容と音声を上手にバランスさせる、終わりなき追求の道です。未来塾においては、ディベートへの参加(日本語)、自分を伝える自作文発表(英語)を到達目標とし、英語世界での意思と情報の伝達方法を実践的に習得してもらっています。

＊4 最初のパラグラフは、映画の展開上、「導入」のための文章がある。…から本題への展開は、音声構成としては難しいので、訓練ではこの部分を省略し、"I don't want to rule or conquer anyone."、もしくは"… to help one another."から始めると良い。未来塾では後者から始めている。

❶ 中津と２人の教え子による会話形式でのやり取り。ここでは適宜イラストを掲載しています。

❷ 説明欄とコラム。詳細な説明が必要なものは説明欄、そして訓練中の取組では必ずしも必要ではないが、知っていることにより理解と実践が深まるものをコラムとしました。

❸ 注釈。やり取りの中で説明が必要なものは注釈として説明を加えています。

読者の皆様は、LINEのように流れるやり取りに従って訓練に取り組めば学習が進みます。加えて、説明欄には重要なことを書いたので、是非読んでください。注釈、コラムは後の段階で触れてもらえれば結構です。

⑶ 英語学との関連

本書では、英語学による説明を援用している箇所があります。本書では多くの箇所で「はじめての英語学 改訂版」(長谷川他)、「English Phonetics and Phonology 4th edition」(Peter Roach)を参考にしました。他の英語学の文献も参考にしています。

中津による英語指導と英語学の知見で矛盾するような箇所はほぼ見当たりません。しかしながら、中津自身は英語を学術的な観点から追求することはせず、あくまで自身の経験と実践的な立場から指導しました。結果として、英語について、多くの中津独特の用語、表現、そして説明が生まれました。中津から直接指導を受けるとその意図は明確ですが、文字で伝える場合は分かり難いので、重要な中津用語は説明を加えた上でそのまま用い、他は一般的かつ平易な表現に置き換えると共に、英語学の説明も利用しています。しかしながら、英語学の活用に当たっては、日本人はその身体的特徴ゆえに英語ネイティブが行う通りに発声することが難しい音声もあるので、英語学の説明と異なるものもあります。例えば、P、Bを「破裂音」と扱うのは同じですが、未来塾ではMも唇の破裂の技法を用いて発声します。(英語音声学では「鼻音」とされています。)理由は、一般的な日本人の場合、白人に比べて口の周囲の肉付きが豊かで、かつ、唇を筋肉の力で細かく制御することも苦手なので、未来塾では、M本来の音を作るために、唇を強く閉じ、破裂させるように息をぶつけて作ってもらいます。このように、著作全体を通じて中津方式による説明と、英語学の知見を合わせて活用し、読者の理解と実践の助けとなることを目指しました。

⑷ 本書での発声技法の説明について

英語音を正確に発声するには、各自の身体条件に合わせた発声器官の細かい制御が必要です。皆が同じ動作で機械的に作る訳ではありません。未来塾の実際の授業では、講師はそのような観点から受講生ごとに個別にコメントを出します。しかし、発声の技法をテキスト化すると、どうしても説明が一般的、網羅的にならざるを得ません。読者の皆様におかれては、説明を参考にし、中津の映像を見て、正確な音声が出る口形・動作を探してください。実際のレッスンでも、受講生は何度もコメントを出され、試行錯誤を経て正しい音声を習得します。

キャラクター紹介

実咲

こんにちは、実咲です。
私はやっと仕事の面白さが分かり始めた20代後半、独身です。東京生まれ東京育ち、日系食品メーカーに勤務し、東京にいながら東南アジア地区製品マーケティングを担当しています。
この頃、外国人との商談、社内打合が増えて来ました。同僚は２人の日本人と１人のシンガポール人、合わせて４人のチームで動いています。都内の大学の商学部を卒業しました。在学中にカナダでの６ヶ月間の短期留学を経験したことが最も長い海外経験です。
英語を使う場面が増え、しかも商談のメンバーなど、難しい役割も任されるようになってきました。英語は得意科目であり、卒業後もずっと勉強して来ました。でも、外国人に早口でまくし立てられると一歩引いてしまいます。同僚から助けられることもあります。自信をもって英語を話したくて未来塾に入りました。

正太

はい、正太です。現在高校２年生、東京で生まれ、東京に住んでいます。英語にはずっと興味があり、学校でも得意科目の１つです。修学旅行はシンガポールに行きました。現地で英語を使ったけどあまり通じませんでした。将来はシリコンバレーのハイテク企業で働いてみたいです。英語に自信はあるけど、思うほど通じません。留学のための英語試験の点数も伸びません。何が足りないのか知りたくて未来塾に入りました。

中津先生

中津燎子です。私が未来塾で教えるのは言語としての英語だけではなく、音声を中心とした異文化コミュニケーションの能力です。実咲さんを始めとする若い社会人は英語を使う場面が増えていますね。しかし、外国人と折衝したり、一緒に働いたりするためには「異文化」という視点が必要です。正太君のような高校生でも英語ができれば海外に行き、様々な活動に参加する機会に恵まれます。英語は日本人にとりハードルの高い言語ですが、基本から鍛錬を積み重ねれば確実に習得できます。英語力を向上させると共に、相手の文化を理解することにより「コミュニケーション」も深まります。世界はあなたたちを待っています。では、訓練を始めましょう。

第1章 日本人の英語はなぜ通じないのか

1 英語が通じない3つの理由

日本人の英語が通じにくいのは、そうなる理由があります。場面は違っても、その理由は大体次の3つです。
1つ目は、声が相手に届いていないということ。英語は日本語に比べて2、3倍の息の量が必要です。この息に声を乗せます。そうしないと、相手が離れているとき、あるいは周囲で他の人が話しているときなどは相手にこちらの声が届きません。

僕は野球をやっているから声は出してますよ。当然、息も大きく使っているし。

息を出すこと、声を出すことに慣れていることは良いことです。でも、英語を話すときは大声を出す訳ではなく、声に合わせて動作をつける訳でもありません。
2つ目は、英語音として不正確なこと。英語を構成している音がネイティブ*1に英語音として受け入れてもらえる音声ではないのです。加えて、単語、文章を発声するときのリズム・音のバランスが悪く、英語音として響きません。

ネイティブが出している音が正しいのだから真似をして近づけば良いのでしょ？

英語を母国語とする人々、特に白人と日本人とでは身体の条件が大きく違うので発声を真似ることは難しいです。
3つ目は、話す内容がネイティブに分かるように構成されていないこと。話す相手は、こちらの伝えたいことが理解できないのです。

内容の作り方は違いがあるのですか？ 要点を外さなければ良いはずです。

日本人と英語を母国語とする人とでは、生活している土地、歴史、風土が大きく異なるので、普段の生活の多くの場面で、受け止め方、伝え方が異なります。なので、それぞれがいつもやっているやり方で相手方に伝えようとしてもうまく伝わらないことが多いのです。

＊1：以下、本書では英語を母国語とする人々を「ネイティブ」と総称します。

2 英語と日本語の「断層」

ここで改めて英語と日本語はその成り立ちから違うことを確かめておきましょう。「断層」とでも言うべき3つの大きな違いがあります。これらの違いのせいで、ネイティブが自分の子どもに言葉を教えたように日本人に英語を教えてもなかなか身につきません。

1つ目は、言葉の習い方が違います。

日本語にはたくさんの幼児語があり、親はそれを与えて言葉を教えてゆきます。そして、少しずつ幼児語から一般語に置き換えてゆき、語彙を増やし、話す文章も徐々に長くしてゆきます。

逆に英語では幼児に対して、最初から完成した文を投げかけていきます。英語にも幼児語はありますが、日本語に比べて少なく、また、もともとの単語の変形が多いです。*2これについては、最初、私は変だなと思ったけど、アメリカではそれが普通のことです。*3

2つ目は、身体の違いです。白人と日本人とでは、身体の大きさ、筋肉の付き方、首から上の作り、顔、特に口の周囲の肉の付き方が違います。そうすると身体の使い方、出てくる音もおのずと違います。

僕は身長なら米国人に負けないけど。

背丈は同じでも、身体つきは違います。さらに、息の使い方はかなり違います。

3つ目は、文化の違いです。コミュニケーションの基盤となる文化の違いは、メッセージの受信、発信、そしてそれによる行動に大きな影響を与えます。日本人のやり方で外国人に伝えようとしてもうまくいかないことが多いし、しばしば誤解を生みます。

そうそう、伝わっていないことは分かるけど、なぜ伝わらないのか、どこが伝わっていないのか、良く分からないことがしばしば起きます。

＊2：NTTコミュニケーション科学基礎研究所奥村優子研究員の以下の研究論文を参照されたい。
「ことばの発達、日本語と英語で何が違う？」「幼児における育児語と成人語の学習しやすさの違いを探る」

＊3：中津燎子「英語と運命　第13章　英語と日本人に関わる深い谷」319頁9行目～17行目参照。また「ことばを鍛えるイギリスの学校」（山本麻子2003年、岩波書店）の「第4章 まず、話す 1 幼児語を使わない」においても英国の事例として同様のことが書かれている。

3 断層を超える方法

これらの断層を超えるには、日本人のために用意されたカリキュラムに沿って音声、内容の両面において「英語」という世界を基礎から1つひとつ積み上げると良いです。
音声では、正しい音とそれを発声するための口形を覚えること、その音声を出すことができるように身体の条件を整えることが基礎となる訓練です。その基礎の上に個々のアルファベットから始めて単語、文章と進め、発声する対象を長く、複雑なものにしてゆきます。
内容では、始めに言語としての英語の特徴を学びます。それを踏まえ、英語社会の様々なコミュニケーションの形式が反映されている「ディベート」の型に沿って内容を作り、伝える訓練をしてゆきます。まず、英語と日本語での内容の作り方の違いを知るところから始め、情報をまとめる、自分の意見を反映する、主張を織り込むというように次第に複雑な題材を扱ってゆきます。
そして**最終的に音声と内容を一体とし、自分が伝えたいことをネイティブが分かる内容とし、彼らが受け入れてくれる音声に乗せて相手に確実に届ける訓練を行います。**
音声と内容は車の両輪であり、どちらかだけが特別に上達してゆくものではありません。最初は分けて訓練しますが、途中から、音声には内容に相応しい明瞭さ、強弱、響きを求めます。内容でも常に音声を意識してもらいます。
ここで大切なことを2つ伝えておきます。
1つは、「自分の英語音を作る」ということ。誰かの真似をしても英語の力は付きません。
もう1つは、「自分を出す」ということ。言語を学ぶということは、言葉に乗せて自分を出すことです。
未来塾では**What-Why-How**を大切にします。**「何をやるか」⇒「何のためにやるか」⇒「どのようにやるか」**の順番で理解し、訓練します。ですから「真似る」ということはありません。形だけを求めてHowが始めに来ることもありません。

果てしない道を歩くみたい。 近道はないのかしら。

残念ながらありません。**でも、訓練の階段を1つ上がるたびに聞き取れなかった音が聞き取れるようになり、出せなかった音が出せるようになります。内容も、文章を作る技術が身に付くのが分かり、相手がこれまでよりも受け入れてくれることを実感できます。**

短期特訓コースみたいものはないのですか。僕は時間があるけど。

それもないです。むしろ、**熱中し過ぎると良くありません。**スポーツだって、上達には時間がかかります。スポーツと同じように、英語も音声、内容が間違っていないか、コーチに確かめてもらうことが必要です。仲間の努力も参考になります。そして実践という試合に臨み、自分の技が通用するか試してみることです。それでは、始めましょう。

4 積み上げ方式設計図

ここで「積み上げ方式カリキュラム」の全体像を説明します。
まず、積み上げるには「基礎」が必要です。英語は技術の面があるので、中学校レベルの文法と語彙を身に付けていることがスタートラインとなります。音声に関して言えば、音声を出す準備としての体勢を作らないと英語の音声は出ません。ほとんどの日本人の場合、この準備ができていません。
内容に関して言えば、西洋言語の国語教育に共通する言語技術を知らなくてはいけませんが、これは訓練を通じて習得してゆきます。ハード型文化として英語文化の理解は、様々な形でレッスンを通じて進めてゆきます。
これらの「基礎・基盤」の上に「音声」と「内容」の２つの柱を作ります。「音声」訓練の目標は、スピーチを多数の聴衆に届けることができること。「内容」訓練の目標はディベートという限定された場面でも内容を構成して音声に乗せて届けることができること。それらができたのち、自分のことを伝える「自作文」の訓練を行います。異文化の中にあって、自分自身のことを当地の人が分かるように伝えられるようになることが最終の訓練到達点です。

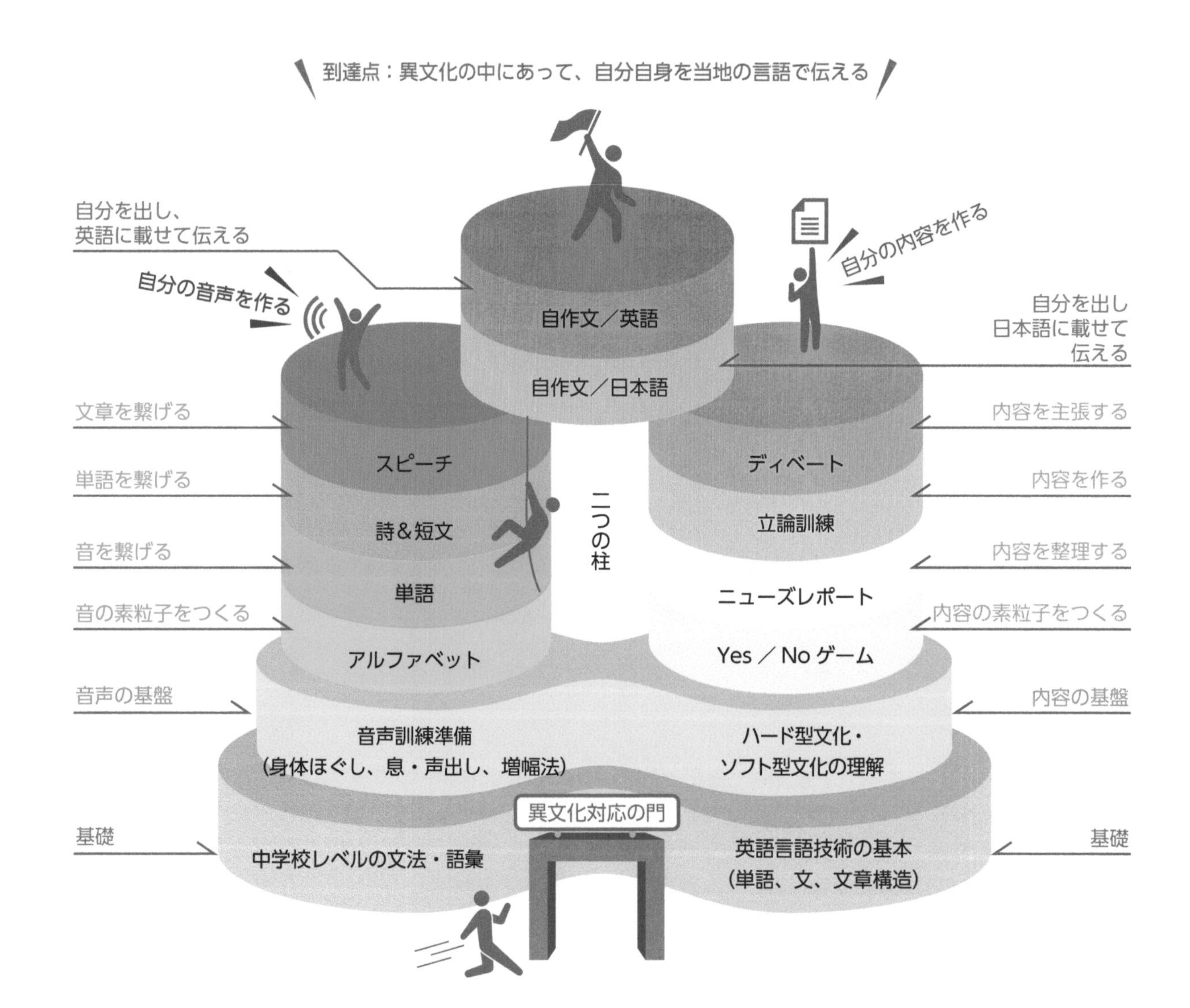

5 音作り準備編 1（身体作り）

(1) 身体ほぐし

ここから実際の訓練に入っていきます。
普段、大きな息をしたり、大きな声を出したりすることの少ない日本人にとって、いきなり大きく息を使え、声を出せと言っても難しいでしょう。そこで、未来塾では、呼吸・音声訓練の準備として、毎回レッスンの度に、身体をほぐし、息を出すことから始めます。
最初は身体ほぐしです。特に次の部分をほぐします。

①軽くジャンプして全身をほぐす。
何度か行う。

②首、肩、肩甲骨とその周り、胸部を念入りにほぐす。

③体側を伸ばし、上半身を回転させてほぐす。

④口を大きく開ける、あごを前後左右に動かす、てのひらでこするなどにより口とその周囲をほぐす。

これから運動をするわけではないので、痛くなるほどやる必要はありません。 大きな動作でゆっくりと行い、ほぐれてゆく感覚を持ってください。各自がいろいろと工夫するのも良いでしょう。

(2) 息出し

ここからは息出しです。呼吸は腹式呼吸です。鼻から吸って、口から吐きます。実際の英語発声のときもそうです。口から吸うと、少し話すだけで息が上がってしまいます。
基本的な息出しの動作は次のように進めます。

①吐く
はじめに、身体の中にある空気を出し切る。

②鼻から吸う
腹をふくらませ、空気をお腹にいれるイメージで大きく空気を取り入れる。

③息を一旦ためる
お腹に入った息を、3、4秒程度そのまま保ちます。

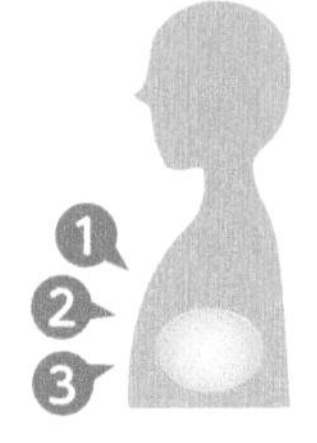

④口から一気に吐く
出し切る感覚をつかむ。この出し切る要領で、アルファベット、単語の発声をします。

お腹が
へこむ

④の後、息を整え、①～④の動作を数回繰り返します。

(3) 声出し

それでは、今やった息出しに声を乗せます。
吐くときに「アー」と発声します。次のことに気をつけてやってみましょう。

i) 音声は「アー」、舌は下あごにつけ、バタつかせない。

ii) 口形は縦開き型とし、人差し指、中指、薬指の３本を縦にして並べて第一関節まで口の中に入るくらい大きく開けます。*1

iii) 伸び伸びと発声する。口・のどのどこかにストレスがかかっていないか、上半身のどこか力が入っていないか、どのような口形が声を良く響かせられるか、不調な箇所はないか、等の事項を確かめながら、何度か発声を行う。*2

*1:口を大きく開けることが困難な場合、もしくは開けることに慣れておらず開かない場合は、開けられる範囲で良い。前者の場合、口が開く範囲で音声を強くしてゆく。後者の場合、無理のない範囲で徐々に開く範囲を広げてゆけば良い。

*2: 発声訓練では進むにつれて次のことを意識されたい:

i)発声をコントロールする。
音程、強弱、長短(声を特に長く出し続ける必要はなし)を試す。また、後述する短母音のために、ごく短い発声を連続して行う動作も効果あり。

ii)音声を特定の人に届ける意識を持つ。
発声に慣れてきたら、自分の音声を視野に入っている特定の人に届ける意識を持って発声してみる。これは未来塾の重要課題であるスピーチ、自作文の発表においても意識することである。目前の聴衆が数人でも何百人でも、話している一つ一つの文章を特定の誰かに届ける意識を持って話す。そうするとその人に声が届く。そのように意識を広げて、届ける人を一人、二人と増やしてゆくことにより、最終的にはそこにいる全ての聴衆が、あたかも自分に届けられているかのように感じるようになる。(未来塾では演劇指導者に同様の訓練を受けたことがある。)

6 音作り準備編２（基本運動）

息出し、声出しができたから、ではさっそくアルファベット発声訓練へ、と行きたいところだけど、その前にやらなくてはいけないことが2つあります。
1つ目は、口形の基本運動です。
2つ目は、基本口形を覚えることです。
日本人は口の周囲の筋肉がネイティブに比べて弱いこと、そして、最初は英語発声での唇、舌、そして口の周囲の使い方を正確に再現できないので、いきなりアルファベットの発声をやろうとしても求められる音声になかなか到達できません。
未来塾では「基本運動」と呼ぶ５つの口形の動きを訓練としてやってもらいます。これらの動きが安定してできるようになるには数ヶ月かかりますが、できてくると英語音がはっきりし、安定してきます。

(1) 唇の運動：縦開き

日本語では口を縦に大きく開ける動作は必要ないので、まず大きく開ける動作に慣れる必要があります。声出しでもやったけど、人差し指、中指、薬指の3本を縦にして並べて第一関節までが口の中に入るくらい大きく開けます。そして「ラ（開口）→（閉口）→ラ（開口）→・・・」と言いながら、開閉を4～5回繰り返します。（発声は「ア」でも良い。）
口を開けた時と閉じた時の幅を同じにします。このためには横に開かないことを意識し、頬の内側に力を入れます。舌は下あごにつけたままです。

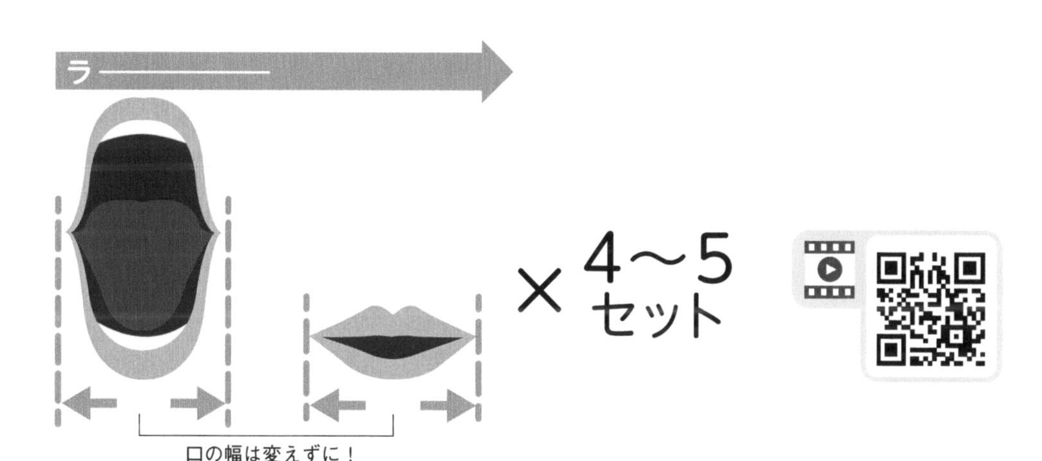

単純に開けるだけですか？

普段、日本人はあまり口を大きく開けてはいないので、意識しないと大きく開きません。頬に力を入れることもしないので、最初は強く意識してください。

(2) 唇の運動：ブルブルブル…と震わせる

唇を合わせ、少し緩めて息をぶつけ、「ブルブルブル…」と唇を震わせます。
これは、唇の周囲の筋肉に力を入れ、同時に唇の先にゆるみを作り、発声する動作です。これは唇を扱いやすくする動作です。

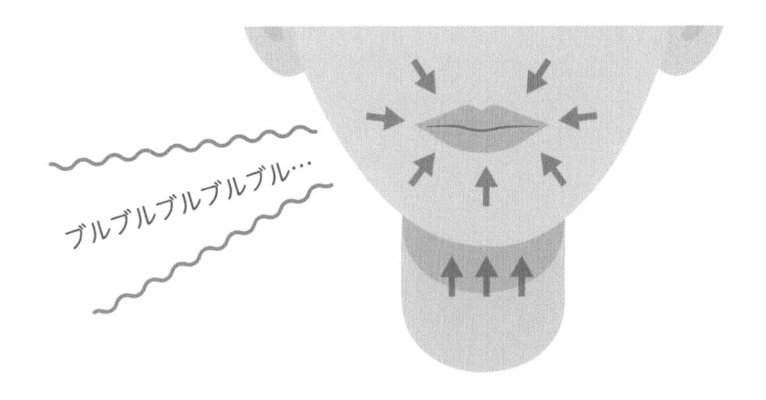

こんなこと、誰でもできますよ。それを訓練するのですか？

できる人も英語音のためにやりましょう。できない人はいるし、子どものときにできても、大人になるとできなくなる人もいます。理由は、唇とその周囲が硬くなる、あるいは体が動作を忘れることです。

(3) 唇の運動：「ブッ」と発声

上下の唇を一文字にして強く合わせ、そこを息で破裂させるイメージで息を強く出し、発声します。意識して唇を開ける必要はありません。((2)と(3)を連続して発声しても良い。)

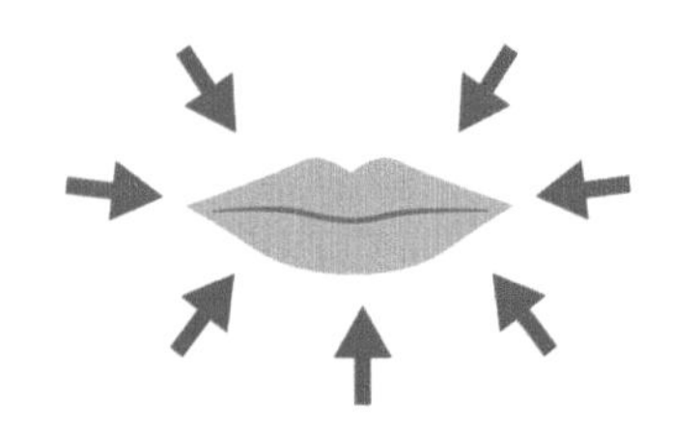

①唇を強く合わせ

②閉じた唇に息をぶつけながら

③破裂と同時に「ブッ」と発音

簡単、簡単。これも訓練するほどのことなのですか？

はい、訓練が必要です。実咲さんの発音は日本語の「ブ」です。求められる音声に比べ、唇の押し付けが弱く、息も不足しています。それでは、英語の音声としては弱くて使えません。

(4) 舌の運動：「ルルル…」と連続して発声

口を少し開け、舌を上あごに軽く付けながら息をぶつけ、「ルルル…」と連続して発声します。これは、舌の根元に力を入れ、同時に舌先にゆるみを作り、発声する動作です。また、L、R音の基になる舌の動きを獲得する動作にもなります。

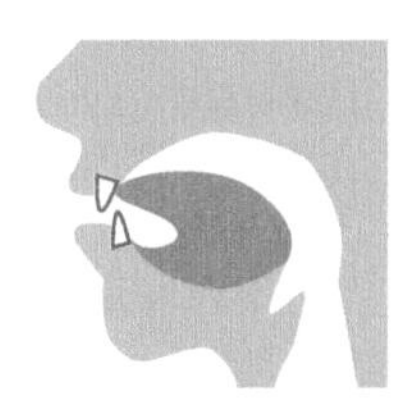

①唇を少し開け　②下を上顎に軽くつけながら　③舌先に息を当て、舌先の振動で「ルルル…」と発音

あれっ、できないわ、簡単そうなのに。

(2) の「ブルブルブル」と同様、大人になるとできなくなる人がいます。できない人は次の音声で助走をつけてやってみてください。舌の先が勝手に震える感覚が生まれればできるようになります。

ラッパ ラッパ ハラッパ

ラッパラッパ ハララッパ

ララッパ ハラララッパ

ハラララララッパ……

(5) 舌出し運動

これは、舌に力を入れて三角形に尖らせた状態で、次の動作をします。

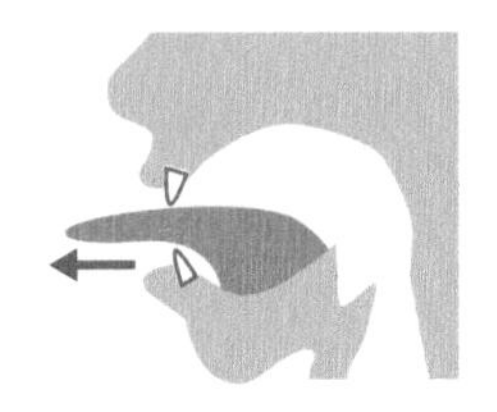

①真直ぐ水平に前に出す。

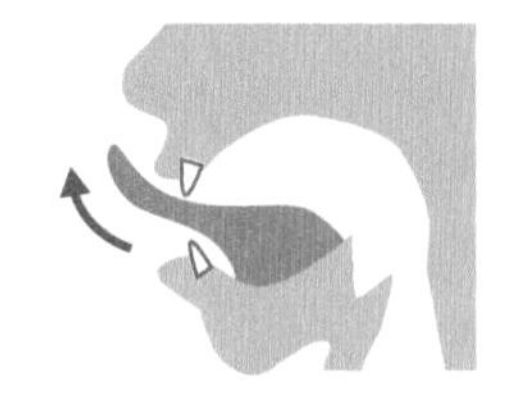

②舌の先だけを曲げて上に向ける。

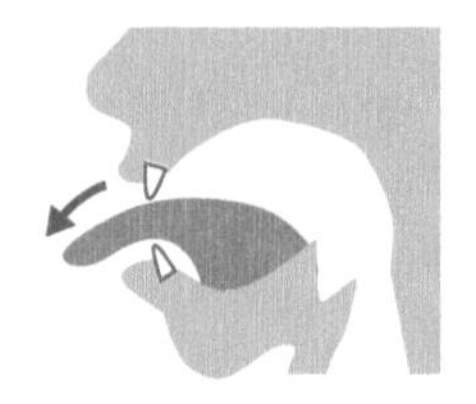

③舌の先だけを曲げて下に下げる。

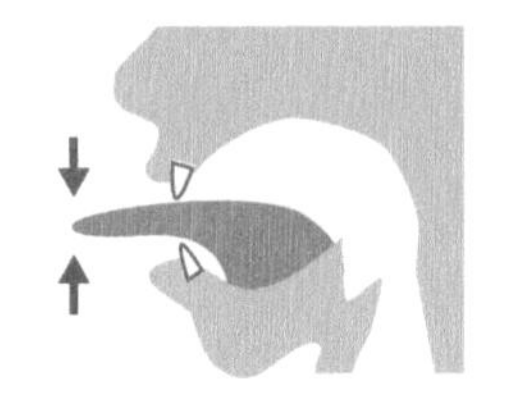

④舌を水平の位置に戻す。

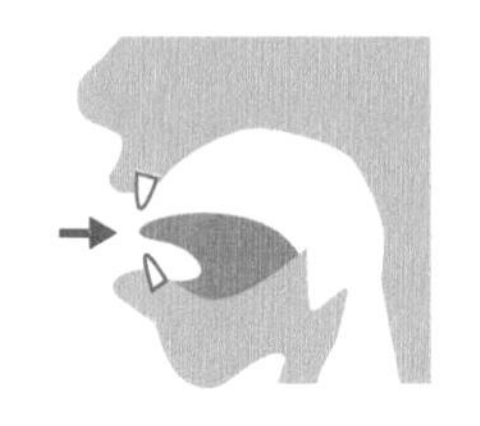

⑤舌を口中に引っ込める。

あれっ、簡単そうだけど舌先だけを動かすことができません。

そんなに簡単ではありませんよ。この動作は舌にかなりの力を入れるので何度もできません。
1日3回までで良いです。それ以上行うと、動作が不正確になったり、舌が痛くなったりします。
この動作の目的は次の2つです。
① 舌を操る筋肉を強化すること
② 舌を思うように動かせるようにすること

やってみました。どうですか？

できていません。舌を上下させるときに歯で支えてはダメ。それに舌をもっと口から外に出してください。出す意識がないと、N、L、THなどの舌で作る音は響きが悪くなります。動作に慣れていないので、最初は体がこの動作を拒むけど、練習を重ねるとできるようになります。

7 音作り準備編３（基本口形）

アルファベット発声訓練のためのもう１つの準備が基本３口形の習得です。これから説明する３口形は、ネイティブは特に意識していないし、白人は、一般的には口の周りの肉付きが薄く、これらの口形を作りやすい体をしています。逆に、日本人は口の周りの肉が豊かなので、これらの口形を作るのは楽ではありませんが、意識して正確に作れば、英語音声が格段に向上します。
口形は次の３つです。 **① 縦開き型　② メガフォン型　③ 引き締め型**

① 縦開き型

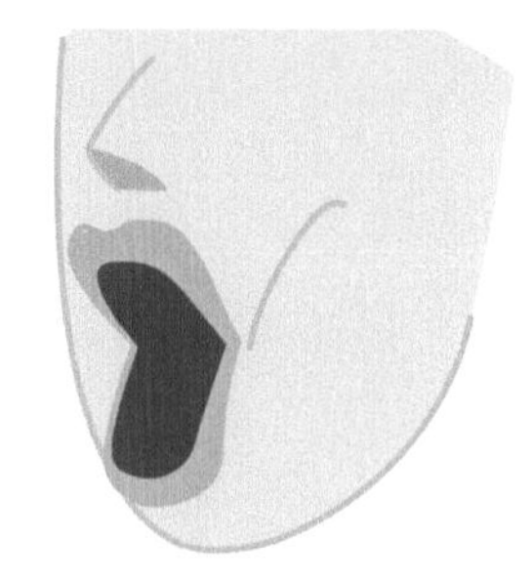
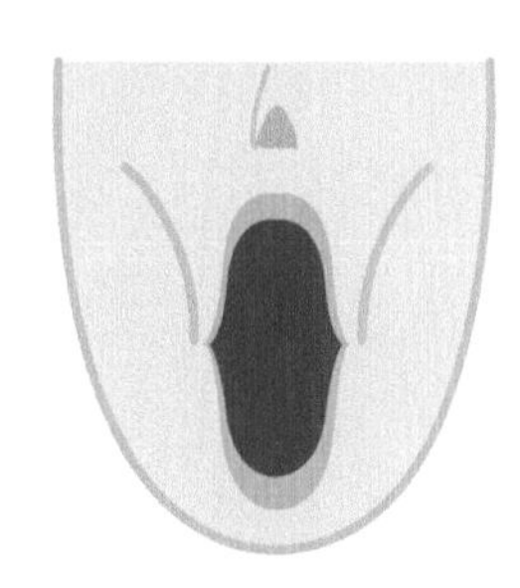

これは、声出し、基本運動ですでにやりました。人差し指、中指、薬指の3本を縦にして並べて第一関節のところまで口の中に入るくらい大きく開けます。口を開けた時と唇を閉じた時の幅を同じにし、横に開かないこと。頬の内側に力を入れると、口形を保つことができます。口を開けたときに舌をバタつかせず、下あごにつけておくこと。

② メガフォン型

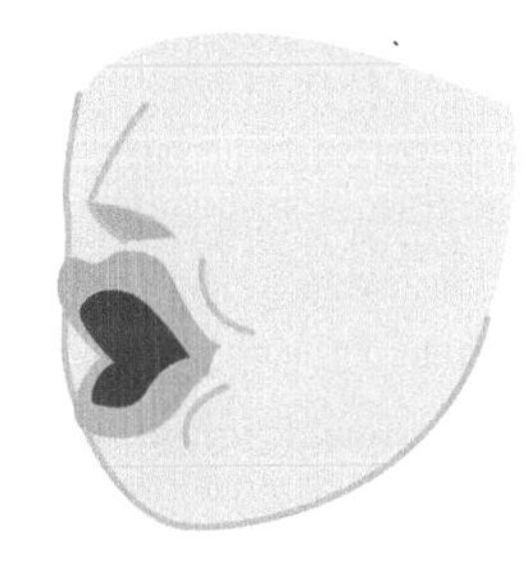
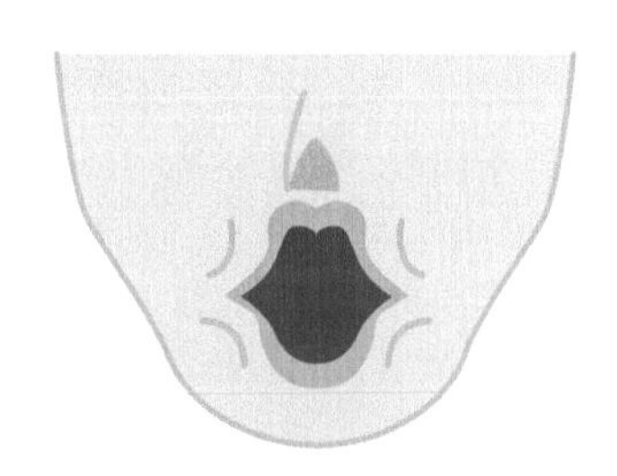

これは、唇を拡声器＝メガフォンのような形にします。上下の唇をめくらせるように大きく開けます。口は中指の第一関節部分が入る程度開けて、唇を絞ります。口の脇にも力を入れ、横方向には開けません。上下の歯は１センチ程度開けます。こうやって口の周りに「壁」を作ります。この時、歯を食いしばってはいけません。音を前方に真っすぐに届けるために、口内に力を入れ、舌に力を入れやすくし、効果的に使うことが目的です。

変な口形！こんな口形を実際に使うのですか？

日本人であるからこそ必要な口形です。でも、白人も鋭い音を出し、しっかり届けたいときは似たような口形を作ります。

③ 引き締め型

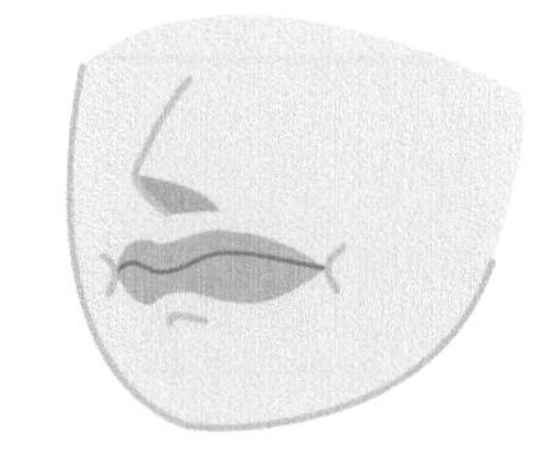

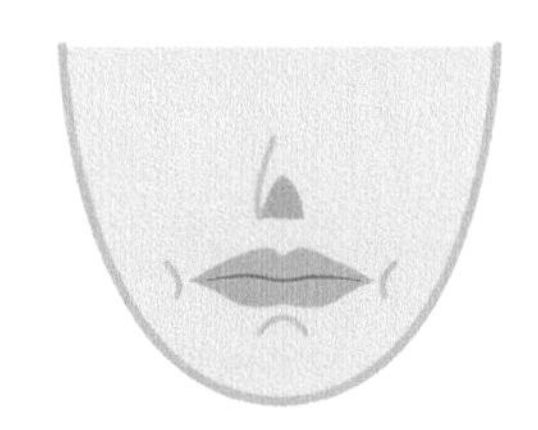

これは、上下の唇を強く合わせ、固く閉じる口形を作ります。発声は、最初にこの口形を作り、それを息でこじ開けるようにして作るものと、始めは口を開けておいて、徐々に引き締めながら閉じるものがあります。吐く息で唇を破裂させるようにして音声を作ります。*3

この３つをマスターすれば、口形はバッチリってことですね！

アルファベット26文字のレターネーム、あるいは原音を発声するとき、この３口形、もしくはそれに近い口形が現れないのは「V」しかありません。26文字のうち、縦開き型は半分強、メガフォン型は約2/3、引き締め型は約1/6の発声の際に使われます。よって、この3つの口形をマスターすると、全般的に英語音声が明瞭になります。

基本運動と３口形、こんな動作が役に立つのでしょうか？

受講生が訓練を始める最初のころは、これらの動作ができないと不安になるけど、繰り返せば短期間で出来るようになり、音声が安定するのを実感できますよ。

出来るようになれば、練習はやめても良いですか？

動作が安定的にできるようになればやめても良いです。そして、音声が不安定になれば、また動作訓練をやると良いです。レッスンでも、音が悪いときはその場で復習します。まずはやってみましょう。身体が覚えてくれますよ。

＊3:「引き締め型口形」は、英語音声学における子音分類表の中の「両唇音」を発声するために作る口形となる。

8 未来塾の発声原則

ここから未来塾の音作りの基本となる３つの原則と１つの訓練方法について塾の講師が説明してくれます。これらのことは、私がネイティブの発声を受けとめる中で分かった英語音発声の基本です。未来塾の訓練では初期から取り入れています。講師は教える側からその方法を分かり易く説明し、さらに講師自身の経験、知識も加えてくれました。少し長いけど、大事なことなので読んでください。

英語音の最小単位としての「原音」

１つ目の原則は、「原音」です。「原音」とは、英語の音声を構成する要素について中津が気づき、英語指導のために新しく作った概念と用語です。（国語辞典に出てくる「原音＝外国語・外来語の原語の音」（小学館デジタル大辞泉）とは全く別のものです。）

中津はGHQでの日系二世の米国人による英語指導により、そして渡米してからシカゴ市に住み、米国の英語に浸る中で、ネイティブは、どんなに小さく、あるいは短くとも音声の基本となる単位をそのまま音声として発声していること、それぞれの音声の単位は独立しており、混じり合って他の音声、あるいは別の新しい音声に変わることはないことに気付きます。中津は、その音声の単位を「原音」と呼びました。個々の原音は、単語・文における位置、および実際に発声される場面により長短、強弱、高低は変化しますが、音の性質そのものは変わりません。未来塾では、文章の発声訓練において、表現として音声を変化させても、個々の原音の性格を維持することを訓練の基本事項の１つとしています。

原音は、個々のアルファベット、および未来塾でコンビネーションと呼ぶ複数のアルファベットによる綴りに割り当てられています*4。通常、１つのアルファベットに１つですが、数個の原音が割り当てられているものもあります。英語の音声を原音としてとらえる最大の利点は、原音の数は有限であり、その習得を最初に済ませると、それ以上、覚える音がないことです。音声の精度、表現を向上させる訓練は続きますが、音作りそのもので悩むことはなくなります。その上、原音が習得できれば、ヒアリング力も向上します。英語の音声は有限の音声で構成されており、実際の音声はその組み合わせであることを体得できれば、聞く能力も段階を踏んで向上させることが可能となります。

原音という概念はネイティブの発声と齟齬をきたすものではありませんが、幾つかの原音については、日本人の身体的特徴ゆえに作りにくいものがあります。そのため、ネイティブでは行う必要のない動作を、日本人の音声訓練のために行うものがあります。（その最たるものがWの原音です。）

中津が原音について気付き、未来塾で実践していることの１つは、子音の原音と母音の原音の扱いを変えることです。人間が発する音声は、個々人の身体的条件の違いにより全く同じにはなりませんが、それでも特定の音として受け入れられる「許容範囲」があります。子音については、ネイティブがその音だと受け入れてくれる範囲は狭く、正確性が求められます。正確な子音を発するということは適切な教育・訓練を受けたことを示すものであり、相手の信頼感を得ることができます。

一方、母音は、子音に比べてネイティブがその音として受け入れてくれる範囲が広いと言えます。個人差があっても、その母音として理解される音の幅が広いということです。また、単語によっては音の構成ゆえに多少異なる発音で行っても誤解されにくいものがあります。例えば、manのaの音は本来のæ音でなくとも、ア系の音であれば聞き手はmanであると理解してくれます。そして、その範囲の広さが、話し手の表現、個性を現わす手段ともなります。もちろん、母音であっても正確に発声しないと誤解を生みやすいものもあるので注意が必要です。加えて、母音の場合、発声の際の長短のつけ方に重きを置いています。例えば、母音が伸ばされずに単独で用いられる場

*4：音声学では「digraph（二重字）」と呼ばれている。一般になじみのない用語なので、未来塾では「コンビネーション」と呼んでいる。

合、「短母音」と呼ばれます。(例:netのe) これは日本語の発声にはない発声時間の短さ、キレ、強さが求められ、それが無いと、その単語のリズムと、その単語が構成する文全体のリズムを壊してしまいます。

中津による塾での指導にもこれらの方針が反映されていました。子音の発声は、中津のOKが出るまで、何度もダメを出され、やり直しをしました。一方、母音については、一定の正確性に達してからは、主として音声の響き、個性の反映といった観点から指導を受けました。

母音については、日本人として陥り易い傾向についても指摘していました。例えば、単語において第1音節にあって「a」のアルファベットにより第1アクセントが置かれるものは、発音記号としては主に「æ」が割り当てられます。これは、日本人の多くは、学校で「アとエの中間の音」と習いました。ところが、日本人がそのように発声すると、カタカナ音による発声の傾向と、日本人の口形の癖により、ネイティブにとり耳障りな響きの悪い音声になりがちです。中津は、日本人がこの音を出すときは普通に「ア」の意識を持ち、強く発声すればネイティブが受け入れてくれる音声になると指導していました。

「原音」は音声学における「音素」に近い概念です。しかし、「音素」は抽象的な音声の概念であり、具体な音声のモデルとなるものではありません。「原音」は、その音として認識されるべき具体的に発声される音声です。未来塾では、そのための発声技術を習得してもらいます。

聞き取る力に優れていた中津は、ネイティブが発声しているそのままの英語音声を原音どおりに持ち帰ってくれました。例えば、WHで始まる“What”, “Where”の出だしの音は綴りとは逆の“H-W”です。また、「ŋ」はひとつの音素ですが、この記号は特別の音を担うのではなく、nとgを合わせてコンパクトに作ります。これら2つの発声は言語学者でも見解が分かれた時があったのですが、現在は上記の理解に落ち着いています。中津は、最初から、米国のネイティブはこのように発声しているとし、我々に指導してくれました。(Roach2011)

未来塾の音声に係る他の原則「母子分離」「アタック」も、原音という考えに立脚しています。原音としての発声の原則は、アルファベット(レターネーム)、単語、および文における音作りにおいて変わらずに用いられるものとなります。例えば、英文を話すときのリズム作りの基本の1つに「強勢拍リズム」があります。これは、そのルールが頭で理解できても、身体が個々の英語音を原音レベルで作り、操る技術がないとこのリズムを作ることはできません。原音に始まる3原則が身体感覚の技術として定着すると、それが英語リズム作りの基盤となります。そこから始めて長いスピーチにおいても、全体として整ったリズムを作ってゆきます。

「原音」ってとても大事なことですね。「原音」をマスターしたら音声は卒業ですか？がんばります！

ネイティブがそうしているなら、僕もそうすれば良いのでしょ？やるぞ！

「原音」の習得は「卒業」ではなく「予選通過」ぐらいだけど、英語の世界という「決勝」で戦えます。音声は、代わりの方法によるのではなく、ネイティブと同じやり方で発声しなくてはなりません。やり方を間違わなければ、時間がかかっても誰でもできるようになります。

発声の基本としての「母子分離」

2つ目の原則は、「母子分離」です。「母」は母音、「子」は子音を意味します。母音、子音は単語の中で原音としてそれぞれ音の最小単位を担っていますが、複数の原音が合わさり、他の原音や新しい音になることはありません。英語は「原音」に由来する性質から当然にそのように発声されるのですが、日本語は音声の構造がそうなっていないので、日本人は容易に英語の音作りができません。

たとえば、日本のローマ字表記では、「k」は、それ自体は発声されることなく、母音と組み合わさり、一つの音となります。たとえば、「ka」「ki」「ku」「ke」「ko」は「カ」「キ」「ク」「ケ」「コ」となりますね。ところが、英語は母音、子音とも独立した音を持っているので、「ka」は“k”と“a”、「ki」は“k”と“i”、「ku」は“k”と“u”、「ke」は“k”と“e”、「ko」は“k”と“o”、として発声されます。文、単語の中で、これらのアルファベットが担う原音は消えることなく発声されます。

日本人は、それぞれの子音、母音を個別に作り、繋げてゆく訓練をしないとなかなか英語音に到達できないので、未来塾では「母子分離」と名づけ、意識して発声してもらっています。

どうしても「カ」「キ」「ク」「ケ」「コ」としか聞こえません。

まだ実際に発声の訓練をしていないから聞き取りができないのです。自分で発声できるようになれば、音も聞き分けることができるようになります。

英語リズム作りの基本「アタック」

3つ目の原則は、語頭の音を強く発声することです。英語のリズム作りの基本は、単語も文も出だしの音に十分な息を使って強く発声し、末尾にかけては使われる息の量が減ってゆき、音が下がってゆくことです。ただし、単語も文も末尾の音は消さず、弱くても必ず発声します。このリズムが、話し手の意思をはっきりと伝える「これはこうです」「私はこう主張します」という意図を届ける音声になります。単語の語頭を強く発声することを、未来塾ではバレーボールでボールを叩くイメージになぞらえて「アタック」と呼んでいます。

アルファベットは26文字あります。すべて最初の音にアクセントがあるので、そこにアタックを当てます。

母音を担う“A”、“I”、“E”、“O”、“U”のうち、特に“A”、“I”、“O”は出だしの音と息をピタリと合わせ、それを十分な息で行い、語頭の音を特に強く発声します。未来塾ではこれに“E”と“U”を加え、母音グループだけの発声訓練もしています。(“U”のレターネームには子音[j]が入り、母音ではありませんが、レターネームの音作りが他の母音となじむこと、単語の中では母音の原音を担うことから母音グループに含めて練習します。)

この原則は単語にもあてはまります。単語の多くは複数の音節を持ち、2番目以降の音節に第1アクセントが来る単語も数多くあります。第1音節に第1アクセントがある単語は当然最初の音を強く発声しますが、第2音節以降に第1アクセントがある単語も語頭の音は一定の強さで発声しなくてはなりません。そして語尾に向かうと、体内の息は使われて減っていきますが、最後の音も残った息を使い、しっかりと発声します。

この原則は文でも同じです。文になると表現が加わるので、実際は音にさまざまな強弱が加わります。しかし、基本的な音調では文の始まりを十分な息を使って強く発声し、文末に向かい、息を使うに従って音は弱くなり、下がります。その場合も、文末の音が消えることはありません。

常に始まりの部分を強く出すのですか？

はい、それが基本です。特に、日本人の場合、息と音声がずれ、頭にきちんとアタックを作ることができない人が多いです。まず、それができるようにしてください。実際に英語を話すとき、音声は変化しますが、基本を踏まえた上で音調を変えるということです。

増幅法について

未来塾で採用している訓練方法「増幅法」について説明します。

「増幅法」とは、発声するときに、通常のスピーチで使われる音声の2、3倍の息・声を使って発声する方法です。未来塾では、アルファベットに始まり、音声が安定してくる歌詩の訓練ぐらいまで、この方法で発声を行います。音声訓練の最終段階であるスピーチ訓練においては、増幅法を終了し、スピーチ音による発声に移ります。

増幅法は、怒鳴ったり、声を振りしぼったりするのではなく、息を2、3倍にしてそれに声を乗せる発声方法です。

この訓練方法の狙いは次の3つです。

1つ目は、息の量を確保することです。ほとんどの日本人は大量の息を使って発声することに慣れていません。まず息を大きく吸い、その息に音声を乗せる準備をします。

2つ目は、大量の息をコントロールすることを覚え、ストレスがかかる場面での発声に備えることです。大人数を前にしたスピーチなど、こちらの主張を通さなくてはいけない場面では、多くの人は緊張し、100の声量が求められる場面でも、80、50と落ちてゆく傾向があります。それに備え、普段から緊張する場面を想定して大きな声量を出す訓練をしておくものです。たとえて言えば、スポーツの「筋力トレーニング」、「素振り」のようなものです。練習の時は負荷をかけ、大きな動作をしておきます。そうすると本番でも、正確かつ十分なパフォーマンスができます。音声もそれと同じです。また、これができるようになると、スピーチ音に移っても、必要なときに強い音声を自在に出すことができます。

3つ目は、動作の精度を上げることです。大量の息を使い、大きな声を出すと口形と動作が大きくなり、発声したときのその人の特徴やくせ、そして問題点が良く分かります。教える側も分かり、本人も意識することができます。

こんなに声が出るかなあ。

日本人の女性の多くはあまり大きな声を出したことがなく、最初は出ないこともあります。徐々に大きな声が出せるように訓練しましょう。最終的にしっかり相手に届く音声になれば良いです。

発声原則って、たった3つなんですね。がんばります！

この3原則＋1方法を聞いて、「私にできるかな」と思った人もいるかもしれません。私はこれまで4,000人に対してこのやり方で英語を指導し、効果を上げてきました。講師たちも同じ方法で教え、受講生は上達しています。これらの方法は分かりやすく説明されますし、それに従えば誰でも実行できます。そして一度身につけば忘れることはありません。さあ、訓練開始です！

Column

未来塾、2つの訓練方針

・集団訓練

未来塾では対面での訓練を5～12名で行います。それより少なくても多くても効果が上がりにくくなります。講師と受講生が一対一、もしくはそれに近い少人数でのレッスンは実施しません。

集団訓練を採用する理由は、集団訓練を行うレッスンは、英語上達のための情報の宝庫となるからです。英語の学習において、日本人が苦手なことは概ねどの受講生にも共通しています。しかし、レッスン中、講師が一人ひとりに同じコメントを出すと時間が無くなってしまいます。受講生は、他の受講生の発声と講師のコメントを集中して聞き、出されたコメントを自分に引き付け、講師は何を良い、何を悪いと言ったのだろうか、自分にも当てはまるだろうかと考えなくてはなりません。これは、正確かつ分析的に聞くことにより、リスニングの訓練にもなります。

集団訓練は、英語発声のリズム作りにも重要な役割を果たします。未来塾では、個々のアルファベット訓練を終えた後、受講生が輪となり、順々にA、B、Cと発声しながら回す「アルファベット回し」という訓練を行います（詳細は後述）。これは、発声している人を目で追うのではなく、音が回ってくるのを耳で捉えて反応します。自分の順番の2，3人前まで来たら、息を吸って発声の体勢を作って待ち、間髪を入れず発声します。一見機械的な訓練ですが、これは、実際に英語で言葉を交わす場面において相手の発言に直ちに反応するリズムを作る基になります（特に商談、議論、インタビュー等の場面で求められるリズムです）。未来塾では、これ以外にも、集団の中で自分の番が来たらすぐに発声する訓練があります。

もちろん、英語教育の中で、少人数でのやり取りにより効果が上げる訓練は存在し、その方法により効果的に習得される能力もあります。未来塾では、集団訓練により、限られた時間の中で最大限の効果を上げることを目指しています。

・50%50%の責任分担

これは、講師が50%、受講生が50%の責任を果たすことにより、受講生に100%の学習効果が現れるというものです。講師側の50%は、教材準備、レッスンでの指導、コメント出し、レッスン後の講師同士の振り返りなどです。受講生側は、レッスンへのフル参加（遅刻をしない）、レッスンでは指導されたとおりにやってみる、レッスン録音の聞き返し、課題作成（内容編）などです。このバランスが崩れ、どちらかがやり過ぎる、あるいは不足すると十分な効果が上がらなくなります。講師がコメントを出し過ぎてもいけないですし、受講生毎にコメントの過度な多寡があってもいけません。受講生は、忙しくても録音を最低1回は聞き直さないといけません。

この方針が出来た背景にあるのは、高等教育に係る中津先生の原体験です。先生は太平洋戦争の混乱の中、日本では十分な教育を受けることはできませんでした。奨学金を得て渡米した米国で初めて高度な教育を受けます。そこで、中津先生は米国の教育のエッセンスを吸収します。未来塾に継承されているのは、1つは、欧米の教育に関する考え方です。「教える＝educate」の語源はラテン語の「edu cateo、外に引き出す」というものです。（羅和辞典 研究社 2009）「教える」とは外から押し付けるものではなく、その人の中にあるものを引き出すこと、教師はそれを手助けする者である、という姿勢です。教師、生徒それぞれに役割が存在します。

もう1つは、先生は欧米の高度な言語技術教育の一部を持ち帰ってくれ、塾ではそれを実践しています。欧米の国語教育では、小学校から高校まで標準的なプログラムにより自国語の言語能力を高めてゆく教育がなされます。このプログラムでは、生徒の参加、作業が主体であり、教師はその案内役となります。欧米の大学、および中津先生が学んだ専門学校は、その能力を習得していることを条件として授業が進められます。中津先生は、自分の経験より、受講生が話す内容を作る訓練を用意しました。

未来塾では、英語を技術の観点から学ぶだけでなく、英語文化そのものを理解してもらうことも目的としています。レッスンの進め方が日本流であれば、学ぶことは狭い範囲の技術、知識に限定されてしまいます。そうならないよう、講師と受講生の役割のバランスを取り、訓練を行っています。

Column

・カタカナ音について

日本語は子音と母音が一体となって単発の音声となり、これらが概ね同じ音の長さで発声され、繋がり、単語、文となります。また、アクセントは英語が持つ強弱ではなく(「強」がアクセント)、高低でつけます(「高」がアクセント)。

日本語における外来語は単にカタカナで表記されるだけでなく、音声も日本語式の発声になります。未来塾では、このように英語音が日本語の発声に置き換えらた音声を「カタカナ音」と呼んでいます。

このカタカナ音が、日本人が英語を話す時に、該当する単語の本来の英語音に置き換わり、発声されます。英語音と日本語音は本質的に異なるにも関わらず、日本人が英語を話す時に入り込んできます。そして、上述した日本語のアクセントと付随する日本語のリズムが入り込み、英語のリズムを壊してしまいます。英語を上達させるにはカタカナ音の意識化と排除が必要になります。

・未来塾が目指す英語音

未来塾が目指す英語音は、一般米語を基本としつつ、以下を訓練目的としています:

① 全ての音声を明瞭に発声する。

② R音は舌を巻いて発声する。

③ 現代の英語では発声されなくなりつつある音声もきちんと発声する。

中津先生は戦後日本に設置されたGHQ (General Headquarters、第二次世界大戦後、連合国軍が日本に設置した総司令部)、およびその後の在日米軍基地で約5年間電話交換手として働いた後、1956年～1965年までの約10年間を米国シカゴ市で過ごしました。米国で話される英語は、大きく3つ、「東部米語Eastern American」「一般米語General American」「南部米語Southern American」に分かれます。このうち、「一般米語(通称"GA")」が最も広く使われています。シカゴ市は位置としてはその中心になります。GAは多くの点で英国英語(ここでは一般的なBBC英語を指します)と異なります。その典型的なものがCar、Park、Fearなど1つないし2つの母音の後に来るR音を舌を巻いて発声することです。BBC英語では発声されない、もしくは母音化されます。

全ての音声を発声することは未来塾の特色です。GAにおいて、全ての音声が必ずしも明瞭に発声されるわけではなく、子音によっては弱くなったり、音声が変化するものがあります。(例: bettingのtをr気味に発声する、あるいは舌を弾いて作るr音で代替する。)未来塾ではそのような簡略化、代替はせず、全ての音声を入れます。ですから、現在では多くの場面で弱く発声される、あるいはBBC英語では発声されない「WH-音」(what, whereなど)の出だしのH音も発声します。また、弱く発声される、あるいは呑みこまれるSingの最後のg音も発声します。これらは中津先生の経験、方針、そして日本人であるがゆえの留意点によるものです。「中津先生の経験」では、中津先生の最初の仕事は電話交換手でした。声だけが勝負、そして話している相手は標準的な英語を話す米国人とは限りません。よって、全ての音声をもれなく届けることが求められました。「方針」としては、訓練においては全ての英語音を確実に届けることができる技術を身に付けるということです。「日本人の留意点」としては、日本人が意識せず話すと上手く届かない、あるいは意図したとおりに届かない恐れのある音声を意識して訓練することです。例えば、単語、文の最後の音は弱くなりがちですが、きちんと発声する訓練をします。また、単語の第1アクセントがある音節におけるa音、発音記号では「æ」は、日本人が発声すると「エ」音に近くなり、ネイティブには不快に響きます。これらに対応する訓練を行い、日本人の弱点を補強します。

未来塾の訓練を通じて受講生が習得する英語は、一般的な米語の個性を保ちつつ、どのような場で届けても、誰と話しても、確実に意思疎通ができる片寄りのない英語となることを目指すものです。

これまでの英語の勉強と全然違う。基本運動でできないものがあるし、息も声も十分には出ない。これから待っている発声訓練ができるかどうか自信がないわ。

実咲さん、初めての訓練だからできなくてもあまり気にしなくても良いと思います。僕も考えずにやったら勢いでできただけですよ。これから一緒にやってみましょう。

息と声を出すだけでも案外難しいと感じるわ。動作もできなくて頭の中が混乱しています。身体が拒む感じです。正太君は息・声が出ていて良いですね。

身体感覚でさばくことができました。でも、これらの動作をする意味を復習しておきます。

実咲さんが不安になるのももっともです。他のどこにもない訓練なので、最初はうまくいかなくて当たり前です。日本人は他の人を意識しすぎです。語学の学習は個人差が大きく出ます。焦ってはダメ。正太君はその反対です。基本的な動作がたまたまできても筋肉の力がついて動作が安定するまで繰り返さなくてはいけません。あわてず、一つ一つ積み上げてゆきましょう。

9 主として唇と息で作る音／B、P、M、W

最初のグループの発声のポイントは「破裂」です。上下の唇に力をこめて引き締め型の口形を作り、息を吸い込んだ後、せき止めた息を閉じた唇にぶつけ、破裂させるように作ります[*1]。

B

有声音

原音：ブ
レターネーム：ブィー

3要素【原音、レターネームとも】			
口　　形	引き締め型	歯の位置	自然に開けておく
舌の位置	下あごにつける		

Point

息を大きく吸い込み、唇全体に圧力をかけ、特に上下の唇が合わさるところの筋肉に力を入れ、引き締め型を保ちます。口を開けることを意識せず、息でこじ開けます。このときの「ブ」が原音です。「ブ」の発声のとき、少し粘ってください。唇を噛みこんではいけません。そして、引き続きスモール「ィー」に移ります。「ィー」はEの原音です。「ィー」では息を出し切ってください。口を横に引いてはいけません。

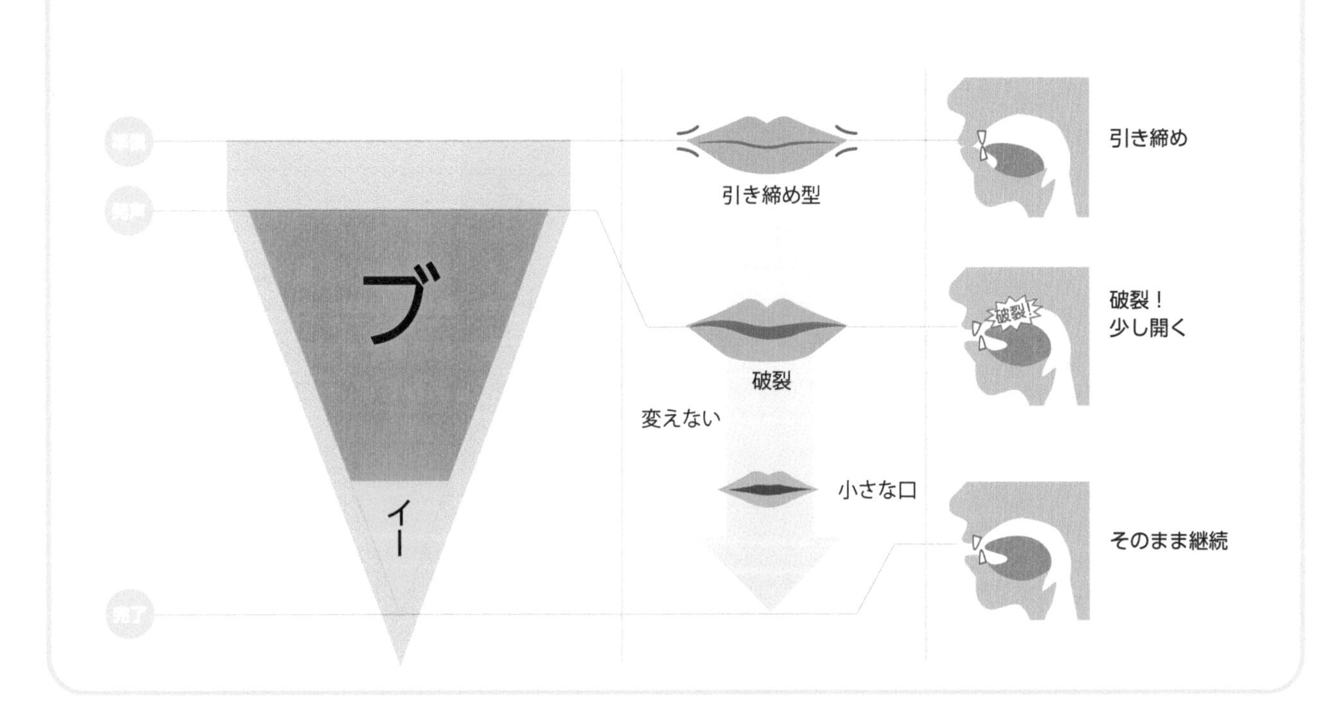

＊1：音声学では、この４つのアルファベットの子音の口形は「両唇音」と分類されているが、発声のための動作として「破裂音」と認識されているのはP, Bのみ。Mは鼻音、Wは半母音と分類されている。未来塾では４つとも破裂の動作で発声する。

唇がぴったりと強くあわせられなくて、
強い『ブッ』が出ないわ。声と破裂もずれてしまいます。

息を吐く、声を出す、唇が破裂する、の３つが同時でなくてはいけません。音を出し切るまで、唇をゆるめてはだめです。口を横に引かないよう、慣れるまでは手を唇の横に添えても良いです。

補　足

•アルファベット訓練について

ここからアルファベット26文字とコンビネーション３つ（音声は４つ）の訓練に入ります。アルファベットは発声方法が近いものを５つのグループに分けています。これは、音声学の分類によるものではなく、中津先生と未来塾の長年の経験から最も効果が上がる組み合わせです。アルファベット26文字はそれぞればらばらの発声方法ではなく、幾つかの類型に分けることができます。１つができるとその技法を他の文字に応用することが出来ます。

このグループは音声学による英語音声の分類と重なる部分もありますが、そうではないものも多々あります。日本人の場合、音声学の類別に従っても要領良く習得できないものがあります。また、日本人の身体的特徴により、特別な動作を通じて習得することが効果的な音声があります。さらに、音声学の発声方法で行うと、日本語での発声習慣が悪影響を及ぼし、適切な英語音の発声が困難になるものもあります。これは特に単語の発声で顕著ですが、それを克服する技法を理解し、ネイティブが受け入れてくれる音声を習得していただきます。

•有声音・無声音について

有声・無声の区別については、そのアルファベットが担う原音に関する区分です。複数の原音を担うものは、主たる原音について示します。

有声音は声帯が振動するもの、無声音は声帯が開き振動せず息は通過するだけのものです。有声・無声を区別することにより、同じ口形で２つの音声を操作することができます。母音はすべて有声音です。子音のうち「h」については、音声学では声門音である無声音と分類されています。発声のとき、声門の一部が摩擦により振動しますが、通常の声のような発声操作はしません。有声音ではありませんが、全く声帯の振動を伴わない無声音とも異なるため、未来塾では有声・無声の区別は行いません。

本書の有声・無声の区別は英語音声学の見解を参考にしています。但し、この区分は当該アルファベットの綴りにおける位置、話される場面、英語の種類（一般米語、BBC英語等）などにより変化する場合があり、その変化も固定的なものではありません。（Roach 2009, 長谷川他 2014）

•英語音声のカタカナ表記について

カタカナで英語音を適切に表記するのは困難ですが、読者の利便のために参考として表記します。

P

3要素【原音、レターネームとも】

口　　形	引き締め型	歯の位置	自然に開けておく
舌の位置	下あごにつける		

Point

PはBの無声音です。基本的な動作はBと同じです。上下の唇の真ん中に力を集中させて強く合わせ、息で破裂させます。原音のプはBのブよりも乾いた音です。口形を変えずに『ィー』に移ってください＊2。

無声音

原音：プ
レターネーム：プィー

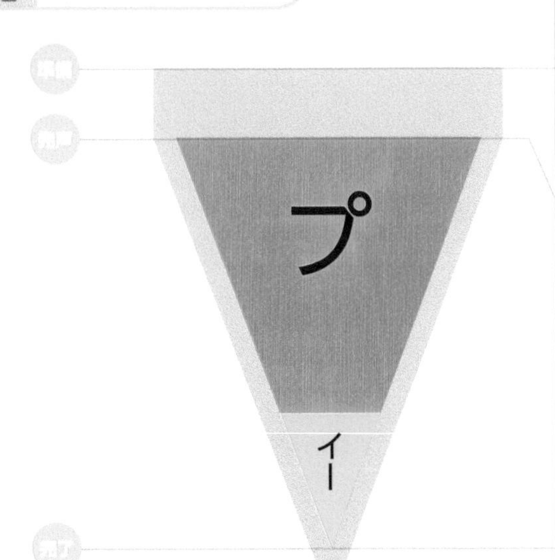

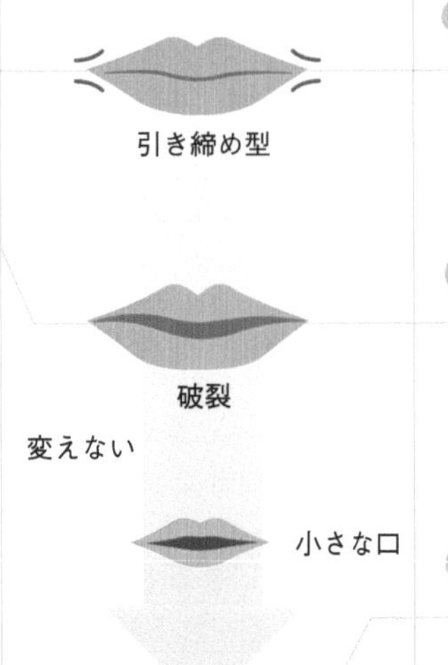

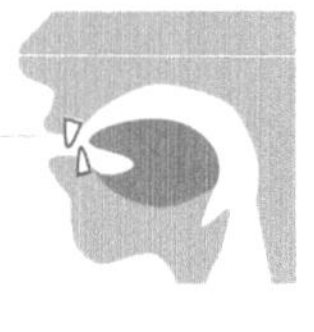

唇を強く合わせ、しかも真ん中に寄せるのが難しいです。

唇の真ん中の方に意識を集中し、真ん中だけを破裂させるイメージです。

こんな感じですか？プ！

そうです。力を集中する範囲が狭いので、慣れるとBよりも出しやすいです。

＊2：音声だけ聞くと、日本語の「ピィー」とも聞き取れる。現段階での訓練の留意点は、原音「プ」を短く確実に発声させ、そこからスモール「ィー」に移ることを意識して行うことである。

有声音

原音：ムッ
レターネーム：エームッ

3要素【レターネーム】

口　形	縦開き型⇒引き締め型	舌の位置	下あごにつける
歯の位置	口の動きに従って動かす		

Point

口を縦開きにして『エー』と発声し、口を閉じてゆき、引締め型に移ります[*3]。全体を通じて一定の息を出します。途切れたり、波打ったりしないように気をつけてください。そして閉じた口を息で破裂させてこじ開けます。破裂させるときの唇の力の入れ方はB、Pと同じやり方です。唇を開くときはB、Pよりも少し柔らかく開けます[*4]。

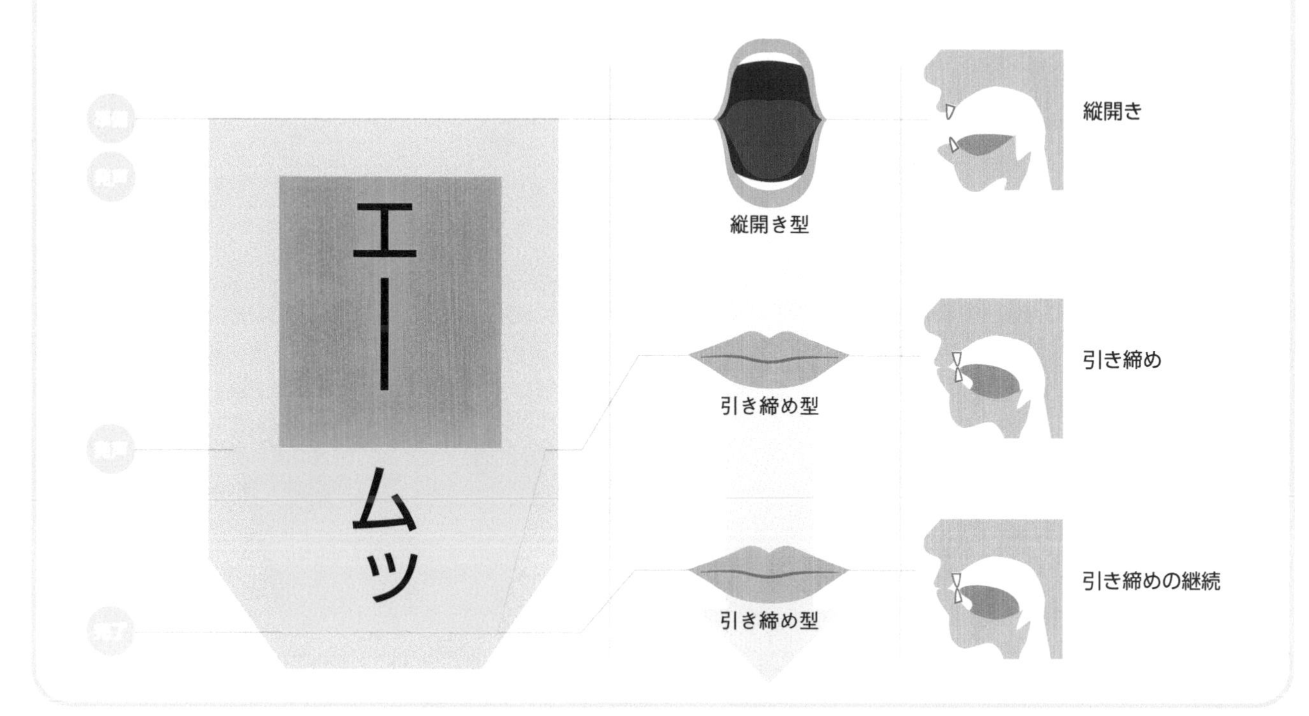

『ムッ』で引き締めが必要だなんて知らなかったわ。

もっと強く引き締めなくてはいけません。このとき、口を横に引いてはダメ。Mは破裂音の強さがないと、カタカナ音になりやすく、特に名前、地名のような固有名詞が聞き取りにくくなります。

＊3：Mは音声学では口形は両唇音として上下の唇を合わせて作るものとされており、破裂音には分類されていない。しかし、未来塾では他の破裂音と同じ動作での発声とし、Mの発声で求められる音の強さを作っている。

＊4：この音声は発声のために空気をせき止めるので、その際一定の息は自然と鼻から抜ける（n, ŋ音も同様）。但し、フランス語の鼻母音のように意識して鼻に息を逃がしながら発声する音声とは異なり、英語（特に未来塾で指導する一般米語）では、できるだけ鼻に息を逃がさないこと、特に語尾の場合は、最後までしっかり発声することが求められる。

有声音

原音：ヴ
レターネーム：ドゥァブルュウ

Point

原音がレターネームに含まれていません。レターネームと原音の作り方を分けて説明します。
レターネームは、d-a-b-l-y-u のアルファベットが持つ原音で構成されています。
原音は、日本語の『ウ』と異なります。口内に息をたくさん入れて、唇と口のまわりに力を入れて、風船のようになった口形を破裂させるように発声させます[5]。

3要素【原音】

口　形	引き締め型	歯の位置	軽く開けて上下の唇の動きに従う
舌の位置	下あごにつける		

【レターネームの口形移動】

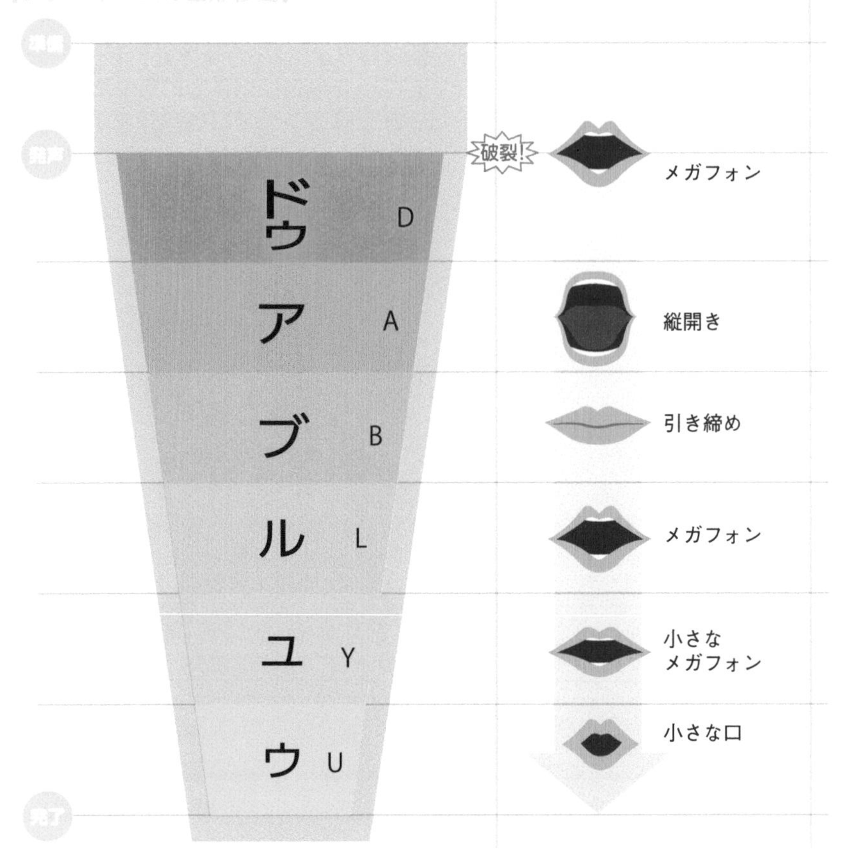

【原音の口形】

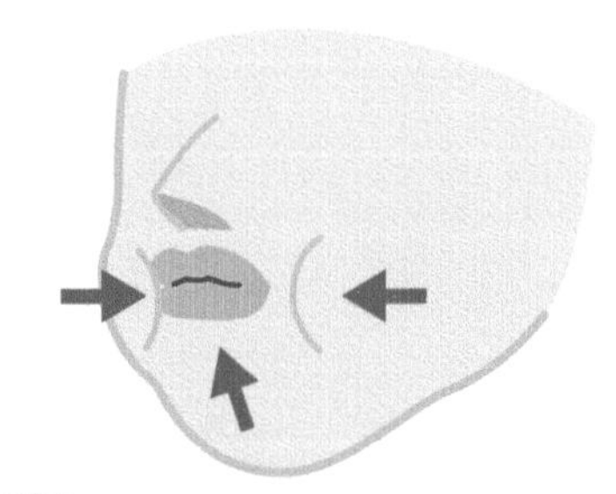

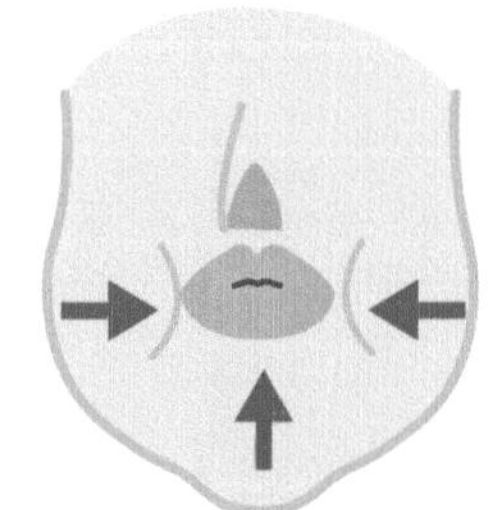

口を膨らませるって、こんな感じですか？

そう、そんな感じです。口の中に空気を溜めて膨らませるけど、**唇の真ん中に力を集中する**のがポイントです。練習のときは上唇の後ろにも息を入れてください。

＊5：音声学では、Wの発声は両唇音として上下の唇を合わせて作るものとされ、「半母音」として母音に近い発声とされている。発声が両唇の破裂によるものとはされていない。しかし、日本人は、上記のような口形、動作により両唇を強く押し当てる動作がないと、Wに求められる唇が強く震える音感が構成されず、日本語の「ウ」「ワ」に近いものとなる。

10 主として舌の硬さと動きと息で作る音／T、D、N、L、R

次に、舌が主体となり、舌の硬さと大きな息の量で作る音を５つやります。舌の位置をしっかり定め、弾く、あるいは大きな動作をします。破裂音と同様に十分な息が必要です。

T

3要素【原音、レターネームとも】			
口　　形	メガフォン型	歯の位置	上下の歯の間隔が狭くなる位置
舌の位置	上の前歯の根元につける⇒弾いた後も少し下がった状態を保つ		

Point　口形は終始メガフォン型を維持します。舌で上前歯の根元を最大限の力で押し、大きく吸い込んだ息を出し、舌を弾くように破裂させます。破裂後、舌を引いてはいけません。私はT、Dの動作を「押し当て破裂」と呼んでいます。

無声音　原音：トゥ
レターネーム：トゥィー

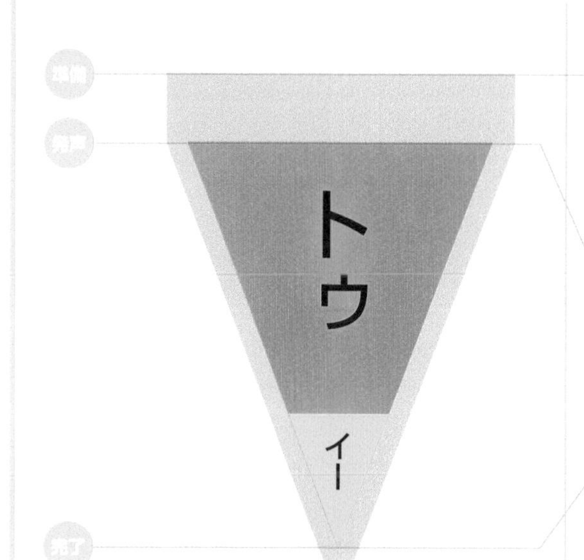

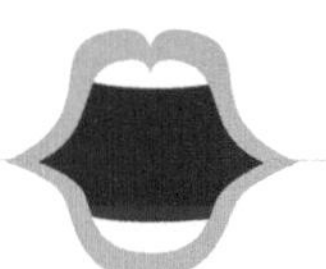

終始
メガフォン型

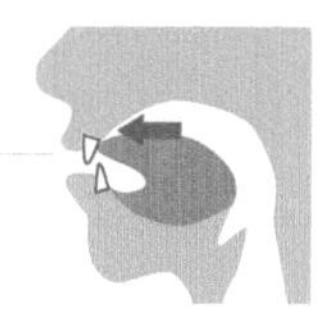

100%の力で
舌を上前歯の根元に
押し当てる

舌を弾くように息を
破裂させ「トゥ」を
発声する。
この時、絶対に舌は
引かない

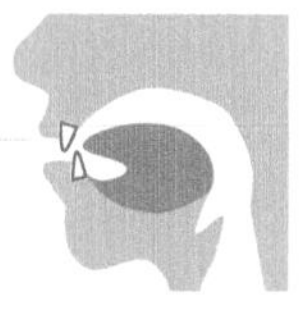

そのまま発声完了まで
舌の位置を維持する

上前歯を強く押して舌を弾くのがうまくいかないわ。

しっかり呼吸を止めて、舌の壁を破裂させる動作をしてください。この時、絶対に舌を口内に引かないこと。舌の押し当てが弱いと、カタカナの『チ』『ツ』のような音になります。

有
声音

原音：ドゥ
レターネーム：ドゥィー

3要素【原音、レターネームとも】			
口　　形	メガフォン型	歯の位置	上下の歯の間隔が狭くなる位置
舌の位置	上の前歯の根元につける⇒弾いた後も少し下がった状態を保つ		

Point

DはTの有声音です。口形、発声方法、音声の流れもほぼ同じです。ただし、Tよりも強い舌の押しつけ、破裂が必要です。上の歯の根元に舌を押し付ける部分を、Tの発声よりもほんの少し大きくします。スモール「ィー」のときも舌をあまり動かさず、力を入れたままにします。Dは日本語にはない強さで発声する音です。全体として口形をしっかり固め、息を強く出す意識を持つと良いです。

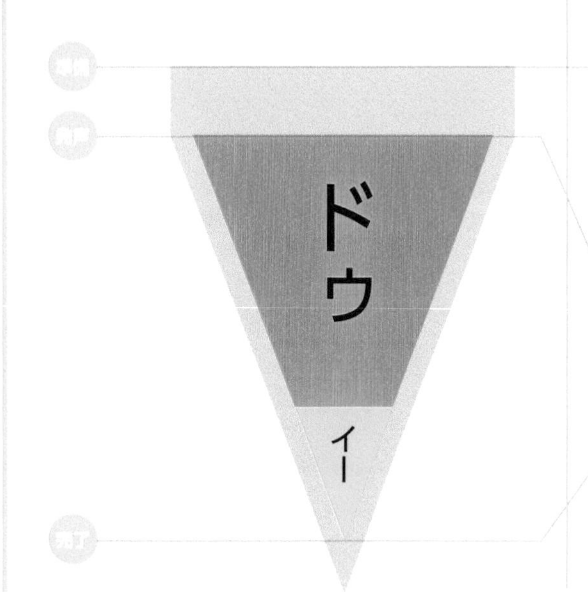

終始
メガフォン型

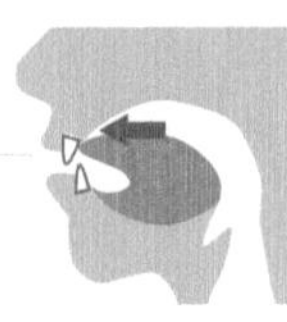

100%の力で
舌を上前歯の根元に
押し当てる

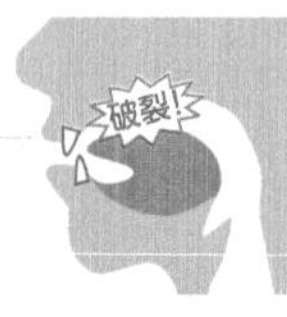

舌を弾くように息を
破裂させ「ドゥ」を
発声する。
この時、絶対に舌は
引かない

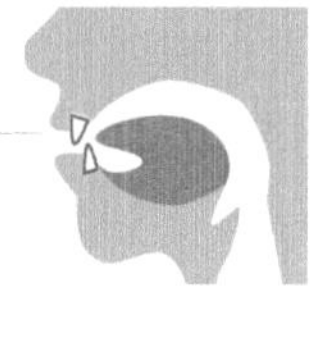

そのまま発声完了まで
舌の位置を維持する

舌がうまく押しつけられません。
『ドゥ』の響きも悪いです。

Dは日本人には難しい音です。焦らずに基本運動で舌を操る筋肉を鍛えること。押しつけと破裂が弱いとカタカナ音となったり、Dのあとに余分な母音が入ったりします。

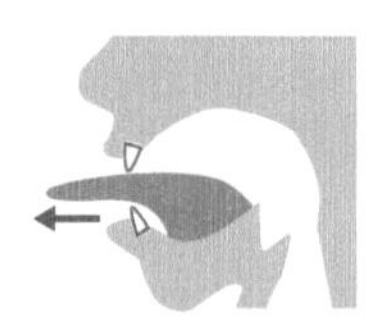

3要素【レターネーム】			
口　　形	縦開き型⇒メガフォン型	歯の位置	メガフォン型による位置
舌の位置	ヌッの時に上前歯の根元につけて破裂させる		

Point

口を縦開きにして『エー』と発声しながらメガフォン型に移動します。舌の先１／４ぐらいの部分を上前歯の根元に強く押し当てます。縦開きのときは『エー』と発声し、舌を押し当てるときから『ヌ』の音が出始め、破裂で強く発声します。破裂後、舌は唇から少し離れたところで、もしくは少し歯よりも前に出したところで力を入れながら保ちます。

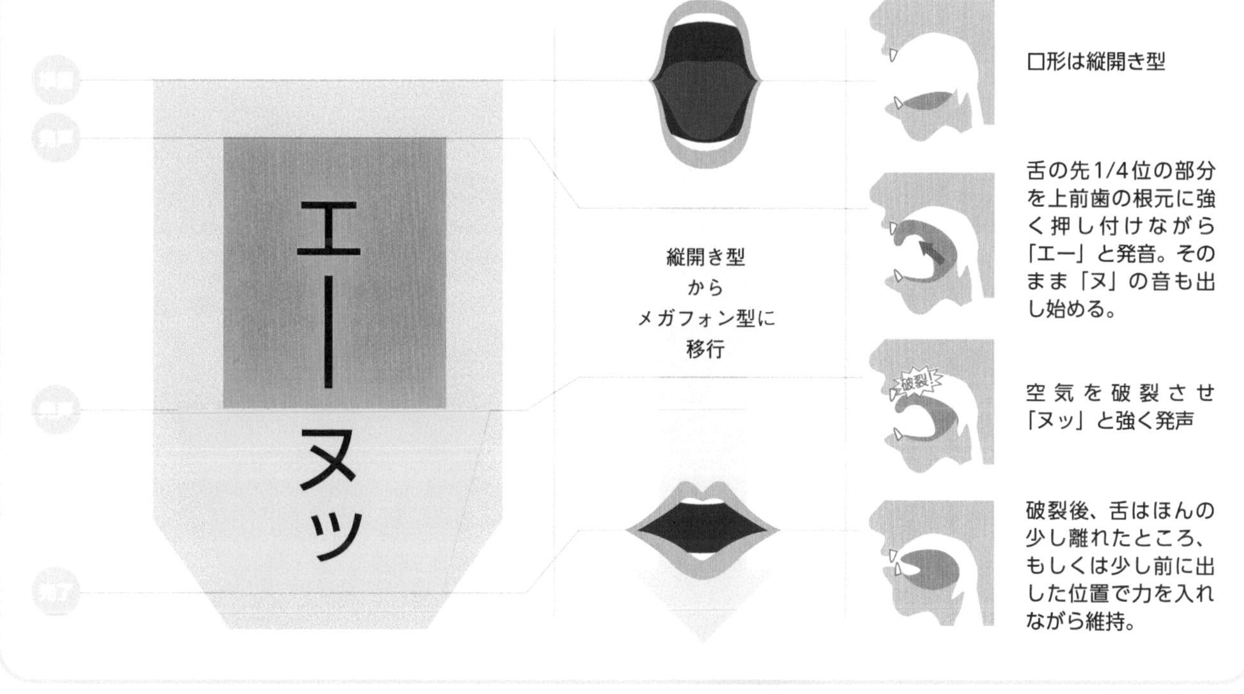

強く発声するのが難しいわ。

それではダメ。舌を強く押しつけていないし、その上、息を鼻から抜く意識があるので弱い音になっています。息を鼻に抜くことは意識せず、破裂音として前に出すイメージを持つと良いです。日本語では、英語のNoやNeverの『N』のように、1つの音声で否定の語感を出すものはありません。Nは、音の強さがないと否定の意思が相手に伝わりません。

L

有声音

原音：ルゥ
レターネーム：エールゥ

3要素【レターネーム】			
口　　形	縦開き型⇒メガフォン型*	歯の位置	舌が上前歯の根元に強く押し当てられる位置
舌の位置	始めは下あごにつける⇒上前歯の根元に強く押し当てる		

*上前歯の根元への舌の強い押し当てができる口形

Point

レターネームは縦開き型から始め、舌の根に力を入れ、舌先だけをゆっくり上に「エー」と発声しながら動かして作ります。上前歯の根元に舌の先端とその少し下の部分を強くあて、息を強く出します。このとき、舌の横と頬の間を息と声が通る音が原音です。口はこの動きに従って自然と閉じられてゆきます。舌に力が入るように、開口の大きさは各自で調整してください。

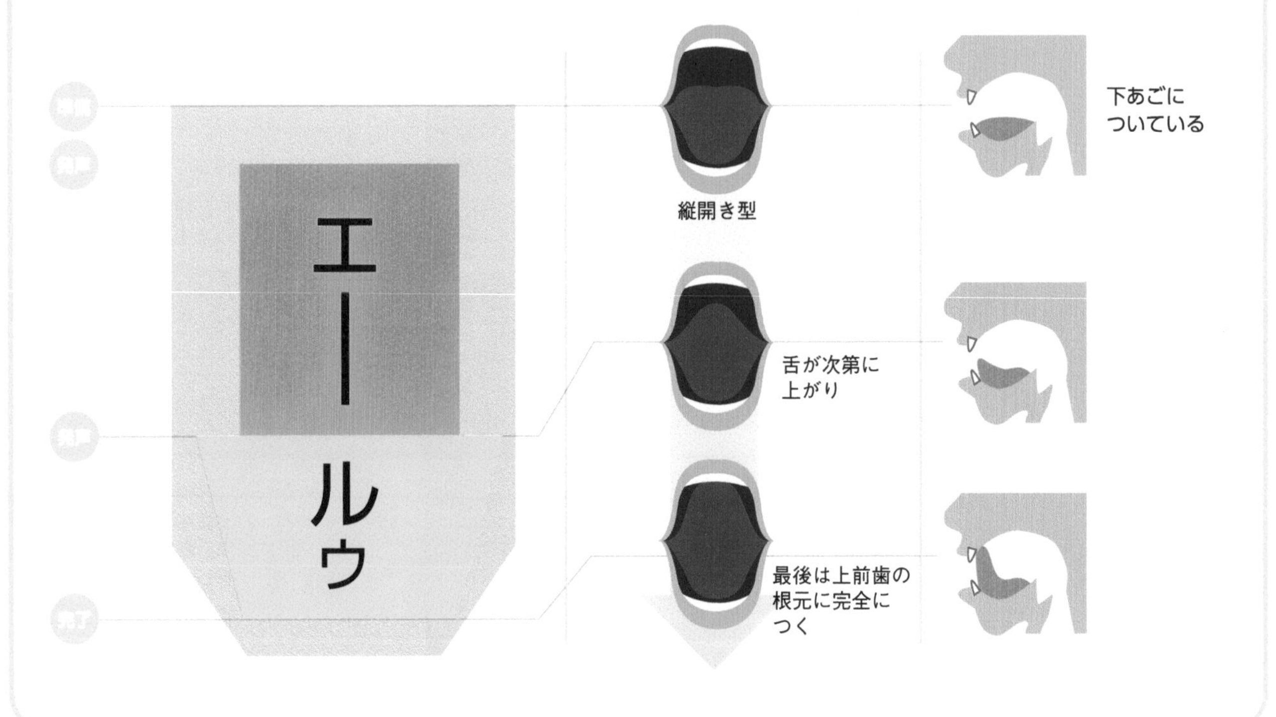

上の前歯の根元に舌をつけましたよ。

いいえ、少し違います。Lのレターネームは、口の動きとは別の舌の動きを作らなくてはなりません。舌の筋肉を強くし、正確な位置取りができるようにならないといけません。もっとゆっくりと、正確にやってみましょう。

原音：ルゥ
レターネーム：アールゥ

3要素【レターネーム】

口　　形	縦開き型→小さな開口*	歯の位置	唇の動きに従う
舌の位置	始めは下あごにつける⇒先端を丸める		

*開きが大きいと口、舌に力が入らない

Point

レターネームは、口を縦開きするところから始めます。これは舌を巻く空間を作り、そして発声の響きを確かめるために大切です。そして『アー』と発声しながら、吹き戻し笛のように舌を丸めます。口はこの動作に従って徐々に閉じてゆき、最後の口形は、小さく開口し、丸めた舌の上に狭い空間がある状態とします。この丸まった舌の上と横を息が通る音が原音です*6。

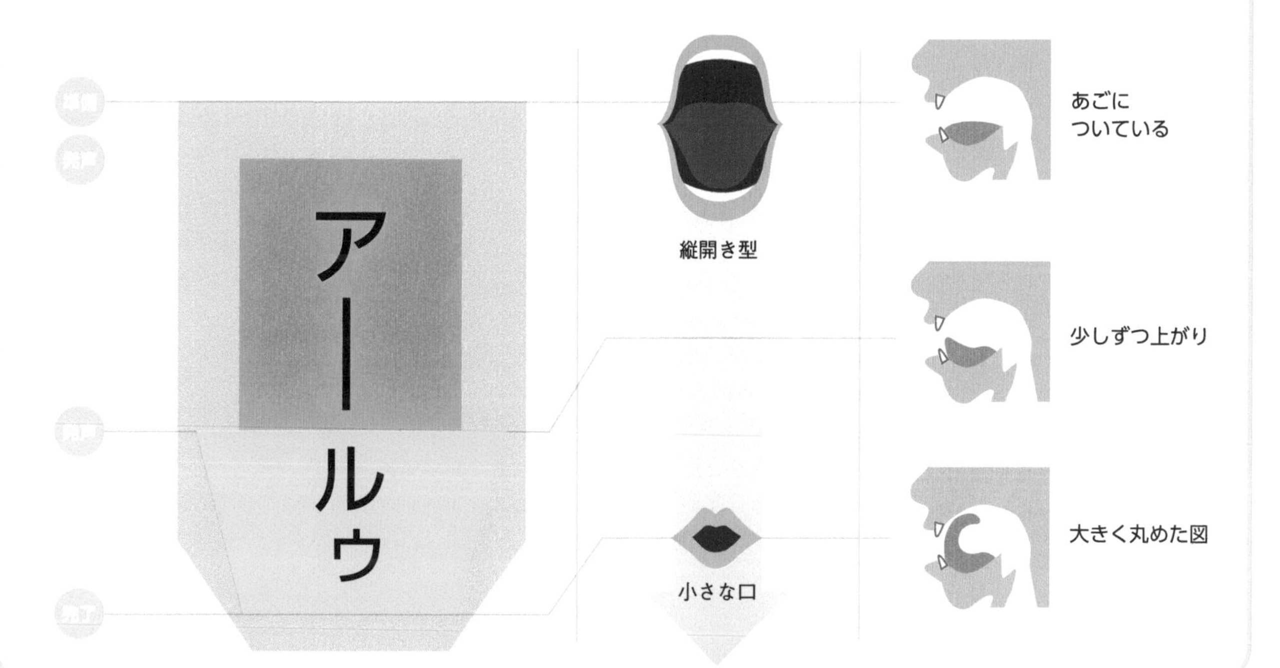

舌を丸めて、はい「アールゥ」！

いいえ、それではRの響きが出ません。舌を折るのではなく、丸める動作をしっかりやりましょう。舌の裏を口内の天井につけてみて、湾曲させる感覚をつかむのも良いでしょう。発声の時は、舌は口内上方にはつきません。

＊6：R音は英国英語（BBC英語）と米国英語では発声が異なる。一般米語では舌を大きく巻き込み、その舌と硬口蓋の隙間を中心とした口腔を呼気が通る発声としている。英国では舌はあまり巻かない。音声学でも異なった音声として分類されている。（長谷川他2014）未来塾では一般米語音の発声としている。

11 口形と息で作る母音／A、I、E、O、U＋Y

母音に入ります。母音は、口形と、アタックと呼んでいる最初に息をかたまりで出す強い発声がポイントです。対象はA、I、E、O、Uの5つです。なお、Yもこのグループと一緒に訓練します。（母音はすべて有声音です。）

A

原音：①ア、②エア
レターネーム：エィ

3要素【レターネーム】			
口　形	縦開き型⇒メガフォン型	舌の位置	下あごに自然に置く
歯の位置	口の動きに従う、意識的に作る動作はない		

Point

レターネームは、口形は大きな縦開き型で始め、メガフォン型に移動します。その一連の動きで作る音です。頬は横に開かず、内側を前に突き出すような意識で作ります。縦開きに吐く息を合わせ、アタックにより『エ』と強く発声し、口を閉じながらスモール『ィ』を添えます。息の80％を『エ』、残りの20％を『ィ』で使う感覚です。

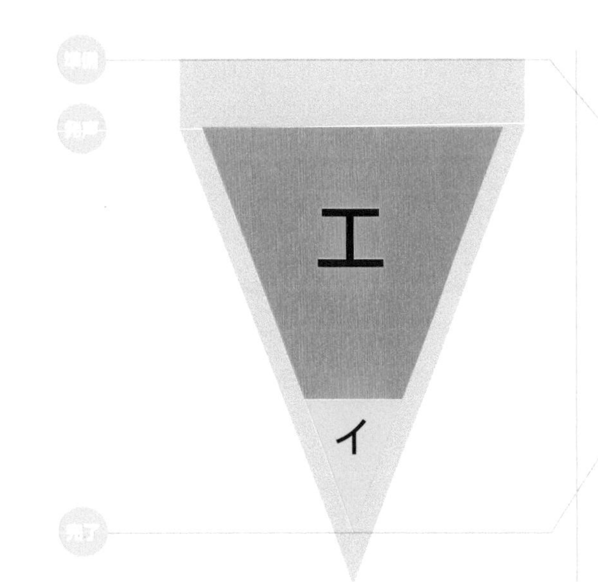

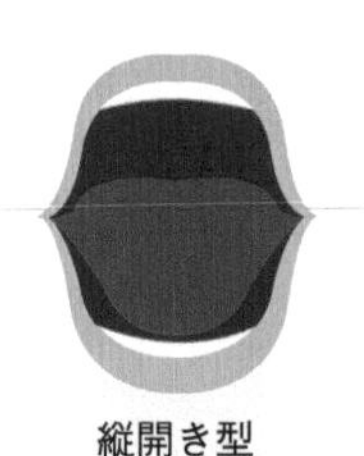

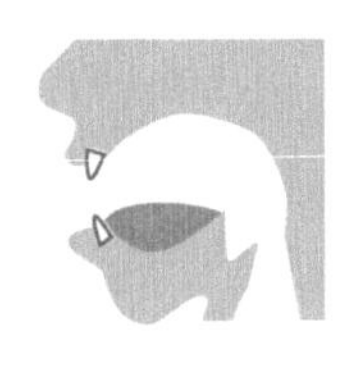

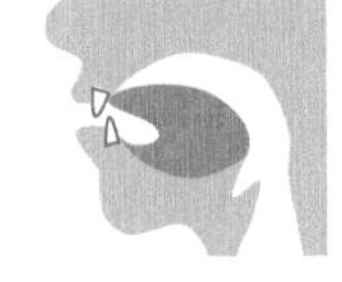

出だしのアタックがうまくできません。

母音のいのちはアタックにあります。『エィ』は、他のアルファベットのレターネーム作りのために、そして単語では音を担う要素としてよく使われます。口形と最初の息がピタッと合うよう、何度もやってみましょう。

I

原音：①アィ、②イ
レターネーム：アィ

3要素【レターネーム】			
口　　形	縦開き型⇒メガフォン型	舌の位置	下あごに自然に置く
歯の位置	口の動きに従う、意識的に作る動作はない		

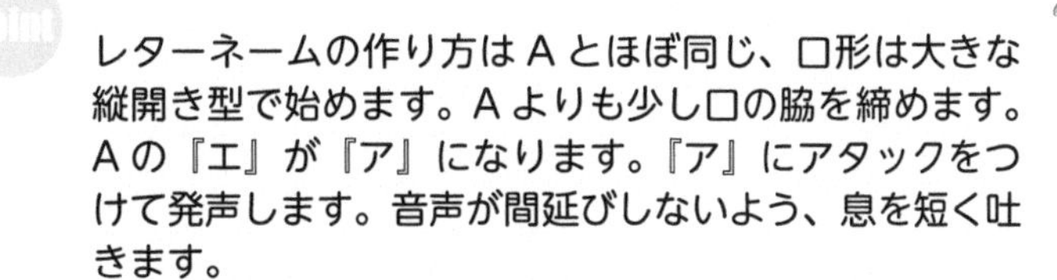

Point

レターネームの作り方はＡとほぼ同じ、口形は大きな縦開き型で始めます。Ａよりも少し口の脇を締めます。Ａの『エ』が『ア』になります。『ア』にアタックをつけて発声します。音声が間延びしないよう、息を短く吐きます。

出だしのアタックがうまく合わないわ。

Ｉは「わたし」のＩであり、英語で最も多く使われる単語です。アタックをつけるときに「自分」を前面に強く押し出すような意識で発声してみてください。Ｉがくっきり浮かび上がるように強く発声するのが良いでしょう。

E

原音：①イ、②エ
レターネーム：イー

3要素【レターネーム】			
口　形	メガフォン型	歯の位置	メガフォン型による位置
舌の位置	少し力を入れ、下あごにつけておく		

口形は終始メガフォン型です。それ以上横に開きません。発声に先立ち、口形、特に頬に力を入れておきます。上下の前歯の間隔は2､3㎜程度しか開けません。喉を開き、ためた息を一気に吐き出します。語頭のアタックを忘れないこと。吐く息を意識して、息を強く前に出します。

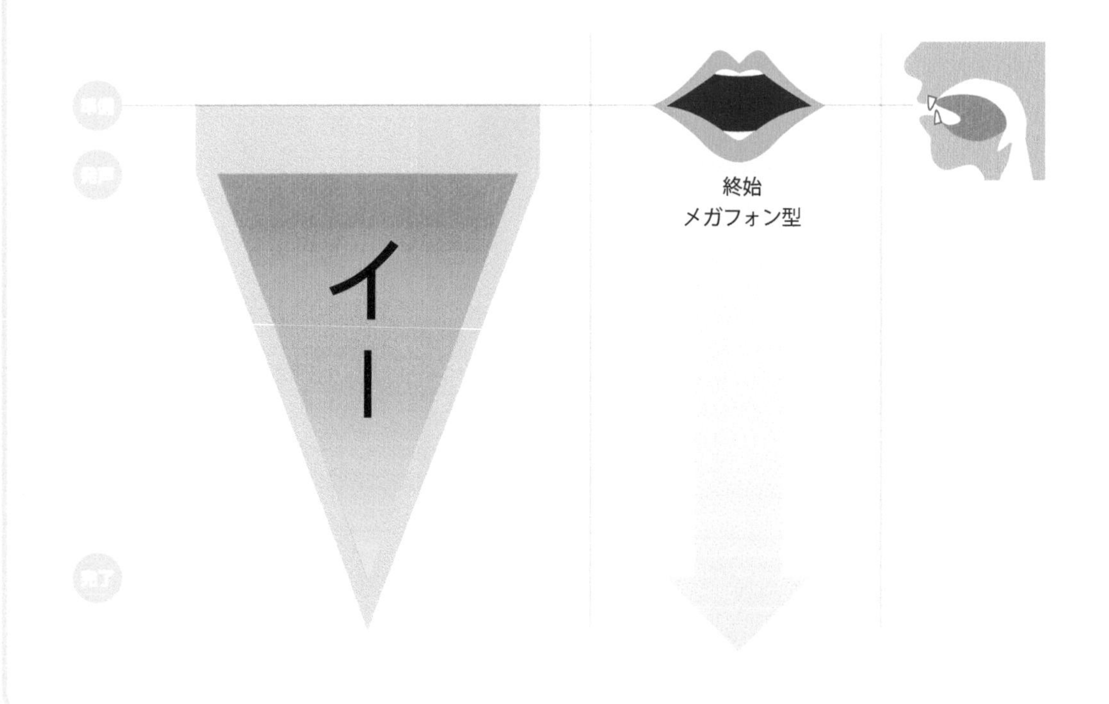

こんな感じですか？イー！

いいえ、息の使い方が違います。声で『イー』と出しています。口形も横に引いています。Eは息をため、口形を決めたら、あとは吐く息をぶつけるように一気に出すだけ。息も出し切ることです。

原音：①オ、②オゥ、③ア
レターネーム：オゥ

3要素【レターネーム】			
口　形	O字形の縦開き型⇒唇を絞り込む		
歯の位置	唇に従う	舌の位置	下あごに固定

Point

口を丸め、アルファベットの形のようなきれいなOの形の縦開き型から始めます。その口形に吐く息を一気に届け、発声しながら口を絞ってゆきます。そのとき、あたかも小さな卵を割らずに唇で取り込むようにゆっくり閉じてゆきます。この小さな卵を取り込んだかのように、口内に空間が残ります。口は完全には閉じません。

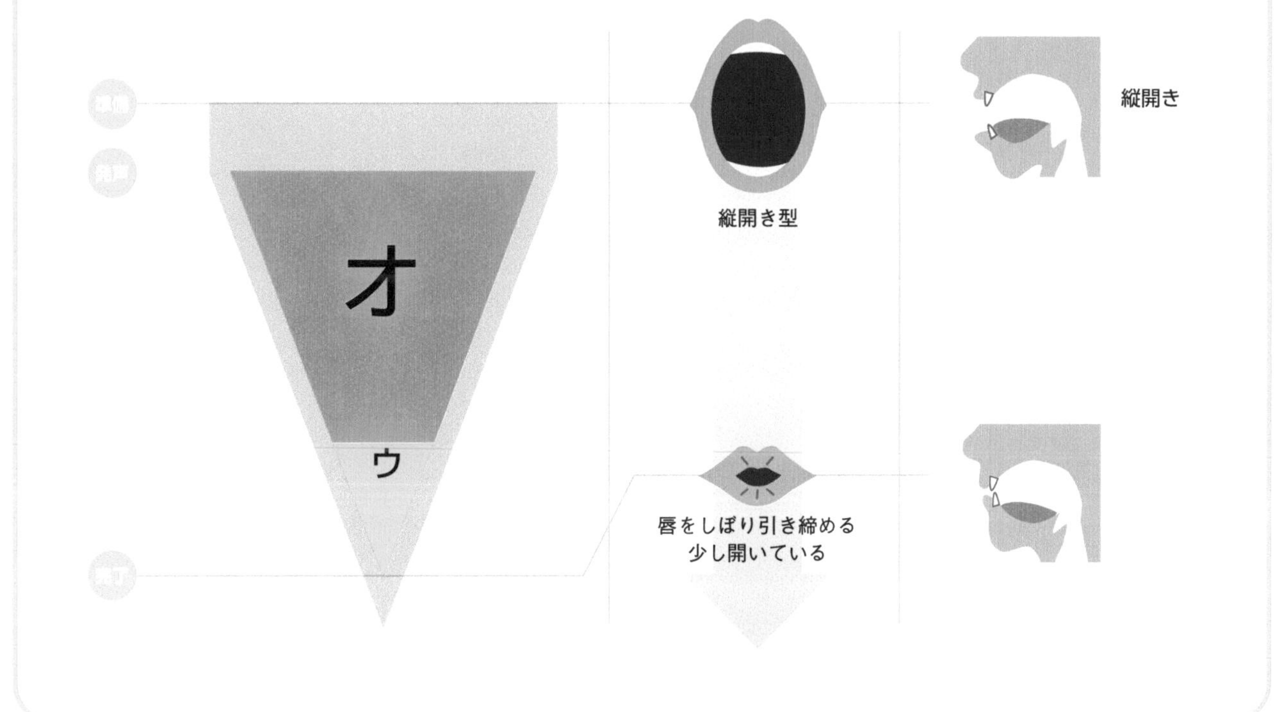

大体良いけど、ただ開けるのではなく、頬に少し力を入れ、大きくてきれいなOを作ります。そうしないと響きの良い音が出ません。

有
声音

原音：①ア（口は開き気味）、
②ウ、③ユ
レターネーム：ユゥ

3要素【レターネーム】			
口　　形	メガフォン型から絞り込む	歯の位置	メガフォン型口形の位置
舌の位置	奥から半ばの部分が盛り上がり息を制限する⇒口形を絞るとき下あごにつける		

Point

レターネームはメガフォン型から始めます。上下の唇の間を中指の第一関節部分ぐらい開けます。音声「ユ」を発声しつつ、唇を丸めて口形を絞り、スモール「ゥ」に移動します。

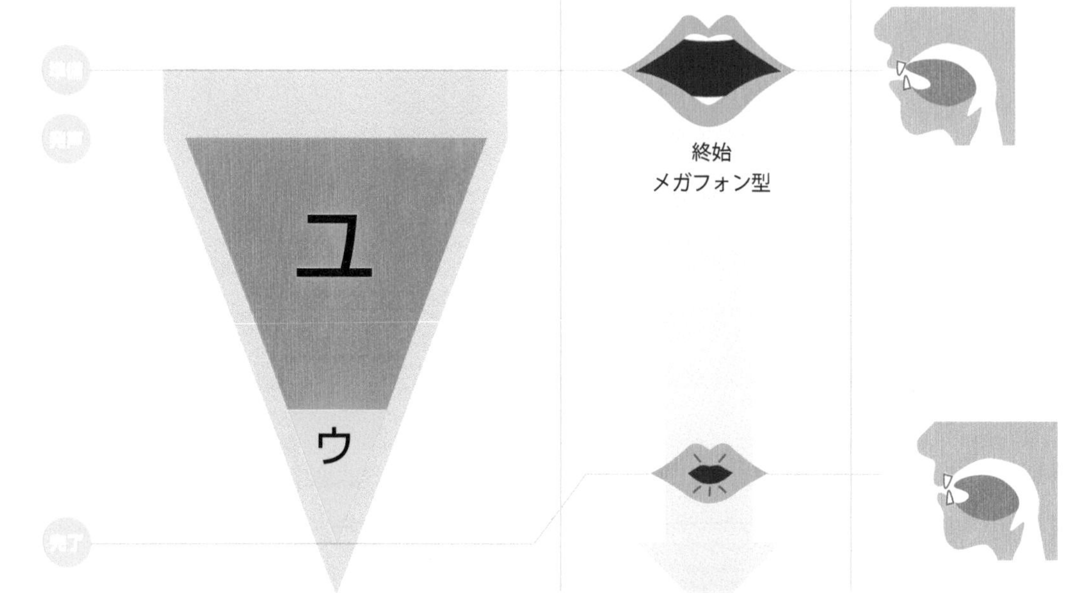

『ユ』で良いですか？

始めは良いけど、あとが違います。口形を絞り込まないと『ユゥ』となりません。『ユー』となり、音も下がりません。唇に力を入れ、意識してすぼめます。息ももっと必要です。

有声音

原音：ユ
レターネーム：ワァィ

3要素【レターネーム】

口　形	引き締め型⇒縦開き型⇒メガフォン型		
歯の位置	口の動きに従う	舌の位置	下あごにつける

＊原音はUを参照のこと

Yのレターネームには原音が含まれていません。レターネームの口形は引き締め型から始め、Wの原音を出し、縦開き型に移動します。そしてスモール『ァィ』に移動します。スモール『ァィ』は一旦口を開けた後、口を閉じながら発音します。原音『ユ』を発声するときはメガフォン口形とし、唇を引き締めます[*7]。

レターネームの中のWの原音がうまく出ないわ。

アルファベットの26文字のレターネームの中でWの原音を持っているのはこのYだけです。まずWの口形と息の準備動作をして、そしてWの原音を入れます。最初の引き締め型がゆるいとスモール「ァィ」ばかりが目立ってしまいます。

＊7：中津は "yes"、"year"等で短い音で使われる場面と、"you"、"yacht"等で少し長く、ゆったりと使われる場面とで"Y"の原音の使い方を区別していた。いずれも原音は同じだが、短い音の場合は短母音の作り方に準じ（「イ」に近い音となる）、長い音の場合では、最初にメガフォン口形をしっかり作り、原音を強調して使う（「ユ」に近い音となる）。本頁では後者の使い方を解説する。なお、前者の発声時に音声を強調するためにメガフォン口形を作っても良い。

12 主として歯と唇と息で作る音／F、V

ここから歯の動きが主役となるF、Vを学びます。この２つは、歯が直接唇に接して音を作ります。日本語には似た音声がありません。日本語の「フ」、「ブ」の手直しでは近づくこともできません。初めは発声しにくくても、正しい作り方を学びましょう

F

無声音

原音：フッ
レターネーム：エーフッ

3要素【レターネーム】			
口　形	縦開き型⇒上の歯を下唇の内側に当てる	舌の位置	下あごにつける
歯の位置	上の歯を下唇に当てる、下の歯は動かさない		

Point

Fは原音は息だけの発声です。レターネームは縦開き型から始め、『エー』と発声しつつ、原音を出せる位置まで徐々に口を閉じ、前歯を下唇の中央もしくは少し内側にそのまま当てます。このとき、下唇にも力を入れ、唇が下がったり、横に広がったりしないようにします。こうして唇と歯で作った壁を強い息で破裂させるように発声します。破裂後も唇に力を入れたままにします。

では唇に強く当ててみよう！

歯で唇を噛みこんでいます。西洋人は『噛む』ようにしても唇が薄いので押し当てられている状態ですが、日本人は唇が厚いので本当に噛んでしまい、息がせき止められてしまいます。また、噛むと単語のときに口形移動が遅くなるので、歯を下唇に当てるだけにすること。

原音：ヴ
レターネーム：ヴィー

3要素【原音】			
口　形	上の歯を下唇に当てる	舌の位置	下あごにつける
歯の位置	上の歯を下唇に当てる、下の歯は動かさない		

Point

Vの原音はFの有声音です。発声方法はFと同じですが、下唇にFよりも強く力を入れます。発声は、上の前歯を下唇のやや内側に強く押し当てたところから始まります。下唇に力を入れ、ピーンと張ります。そこで息を破裂させます。ほんの少し口が開き、原音『ヴ』が出て、それにスモール『ィー』が続きます。このとき、上唇を少しめくるようにしておかないと音がくぐもるようになります。

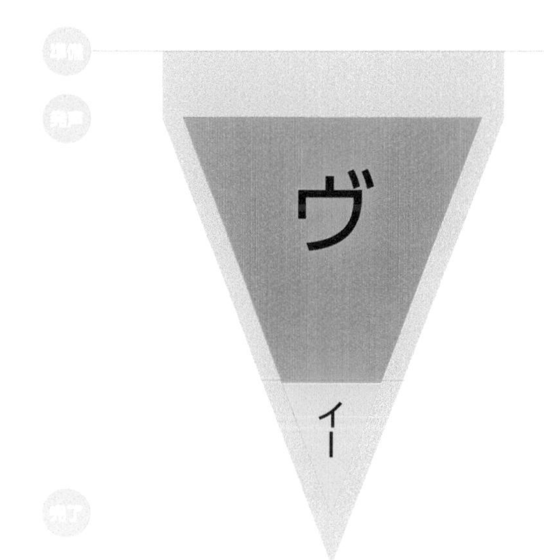

上歯を下唇に
強く当てている

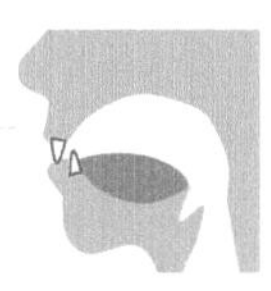

上歯を下唇に当てている

やってみます。ヴィー！

『ヴィー』ではなく、音が途切れて『ヴ・ィー』になっています。下唇に十分に力が入っていません。頭の中にカタカナの『ヴ・ィ』があり、必要がないのに口形を動かすから分かれた音が出ます。後半でほんの少し唇が開く以外、口形は変えません。

13 鼻から下の筋肉全体と息を使って作る音／C、G、J、K、Q、H、X、S、Z

ここからは、鼻から下の筋肉全体を使って作るアルファベットに取り組みます。

無声音

原音：①ス、②ク
レターネーム：スィー

3要素【原音・レターネームとも】			
口　形	メガフォン型	舌の位置	口内の中央
歯の位置	メガフォン型による位置、くいしばらない		

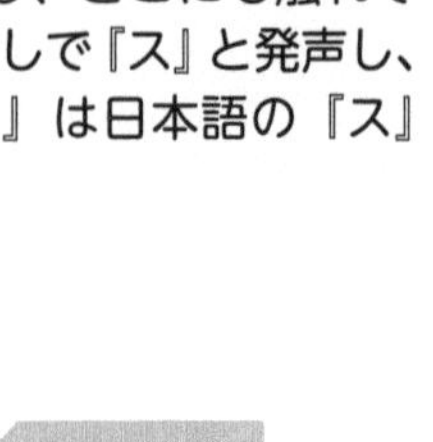

Point

※原音「ス」とレターネームを説明（原音「ク」はKにて説明）
口形は終始メガフォン型を保ちます。歯は上下の位置を揃え、2-3㎜程度開けます。舌は前歯のすぐ後ろに位置し、どこにも触れていません。破裂音なみの呼吸量と瞬間的な息出しで『ス』と発声し、スモール『ィー』に移ります。このとき、『ス』は日本語の『ス』で良いけど、十分な息を入れてください。

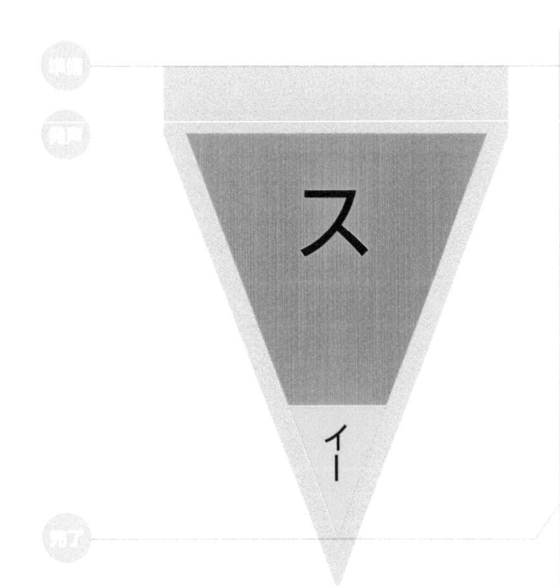

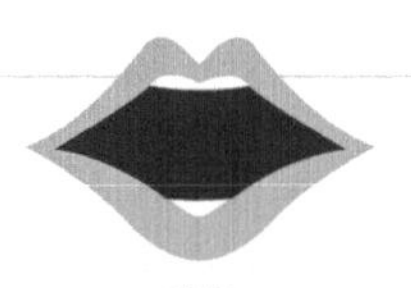

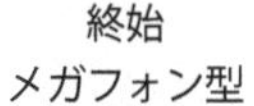

終始
メガフォン型

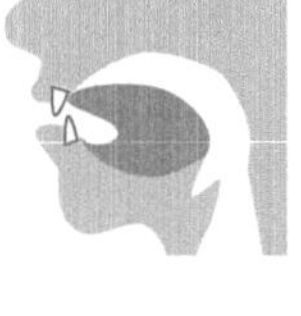

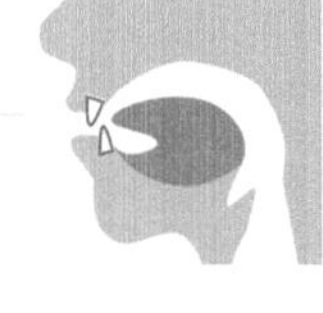

口型を変えない

『シー』になっちゃった。

舌の位置が少しでもずれると『シー』になってしまいます。正しい音を出すためには、自分の音声をよく聞いて、いろいろ試して正しく『ス』と発音される口形、歯の位置、舌の位置を探すことです。

有
声音

原音[*8]：①ヂ、②グ
レターネーム：ヂィー

3要素【原音：グ＆ヂ】

口　形	メガフォン型	歯の位置	メガフォン型による位置
舌の位置：グ	上舌の奥が口内上方最後方に接触		
舌の位置：ヂ	舌の奥が口内上方の真ん中から少し後方（硬口蓋）に接触		

Point

口形は原音１・２とも終始メガフォン型です。
原音１：日本語の「ヂ」を発声するときの舌の位置です。舌は真ん中から奥の方で口内上方と接します。広く舌を接し、息で弾いて発声します。これにスモール『ィー』をつけたものがレターネームです。
原音２：舌は奥の方で口内上方と接しています。この位置で舌に力を入れ、息で壁となっている舌を弾いて発声します。

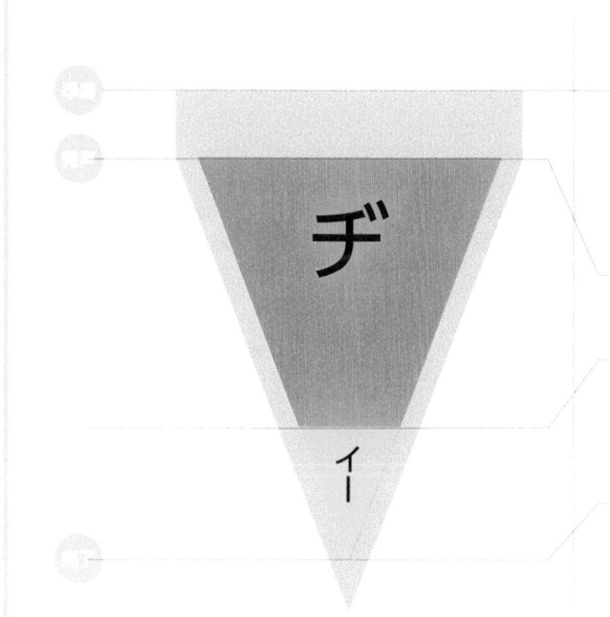

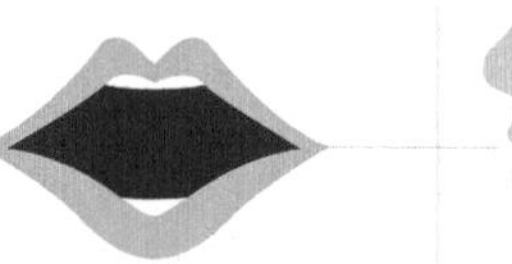

終始
メガフォン型

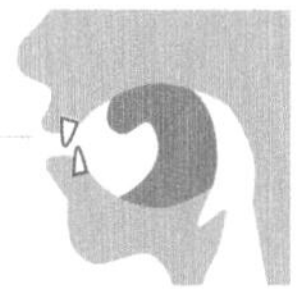

口形はCと同じだが舌の位置が異なる。舌の真ん中あたりが上あごについているのが準備のポジション

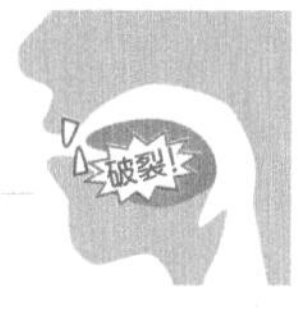

舌を弾くように息を破裂させ「ヂ」を発声する。

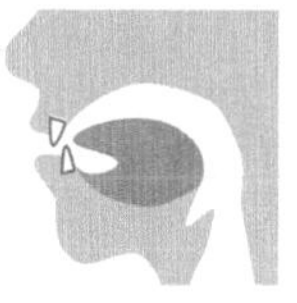

これがあごを離れる

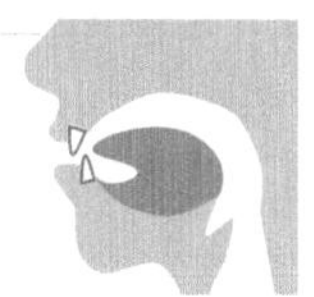

そのまま発声完了まで舌の位置を維持する

レターネームをやってみますね。

作り方は良いけど、皆さん、レターネームになると原音が弱くなりがちです。口形、舌に力を入れ、息も十分に吸ってから発声してください。

＊8：原音①「ヂ」はコンビネーションCHの原音「チ」の有声音、原音②「グ」はKの原音「ク」の有声音である。

J

有声音

原音：ヂ（Gの原音1と同じ）
レターネーム：ヂェィ

3要素【レターネーム】			
口　形	メガフォン型⇒縦開き型⇒メガフォン型	歯の位置	メガフォン型⇒縦開き型に従う
舌の位置	口内上方半ばから後方に接触⇒縦開き型に従う		

Point　口形はメガフォン型、奥の方で口内上方に接している舌を破裂させて『ヂ』と発声し、その後縦開き型に移動し、スモール『ェィ』を発声します。この時の縦開き型口形は単独のAほど大きくはありません。全体に大量の息を入れないとカタカナの『ヂェイ』の響きになってしまいます。

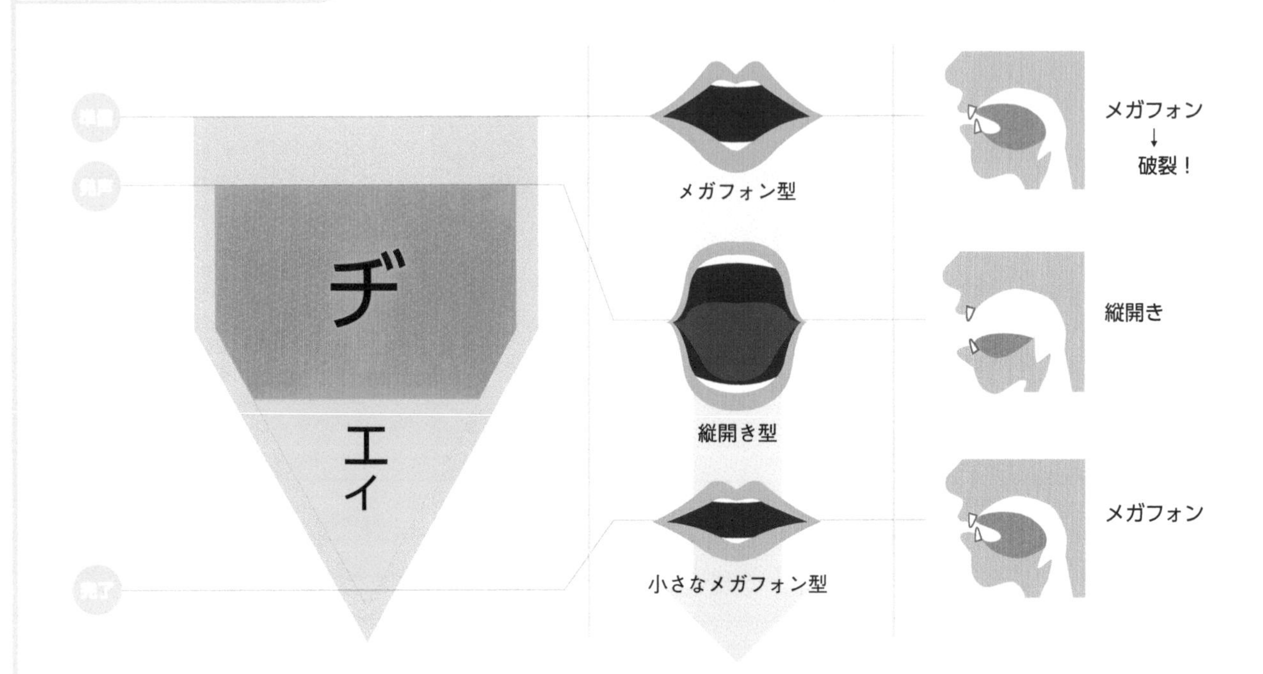

簡単、簡単、『ヂェィ』でしょ。

最初に『ヂェ』と発声するのではなく、『ヂ』を確実に出してから口形移動します。意識して口を開けて閉じる動作をすることです。

無声音

原音：ク
（Cの原音２と同じ）
レターネーム：クェィ

3要素【レターネーム】			
口　形	メガフォン型⇒縦開き型⇒メガフォン型	歯の位置	メガフォン型⇒縦開き型に従う
舌の位置	口内上方半ばから後方に接触⇒縦開き型に従う		

Point

原音は、メガフォン型を保ちながら舌の奥の方を口内上方（軟口蓋）につけ、『クッ』と破裂させます。
レターネームの基本的な作り方はＪと同じです。メガフォン型で『ク』を完全に破裂させてから縦開き型に移動し、スモール『ェィ』を発声します。大量の息を使ってゆっくり音声を作らないとカタカナの『ケイ』の響きになってしまいます。

やってみるわ、『クェィ』！

それでは原音『ク』が発声されず、『ケ』という別の音になっています。『ェィ』への移動を急がず、『ク』を強く発声し、その勢いで『ェィ』を出すと音声が整います。

無声音

原音：ク
（Cの原音②と同じ）
レターネーム：クュゥ[*9]

3要素【レターネーム】

口　形	メガフォン型⇒さらに唇を絞る	歯の位置	メガフォン型に従う
舌の位置	口内上方後方に接触⇒下あごにつける		

Point　メガフォン型を作り、原音『ク』を発声し、直ちにスモール『ュゥ』に移動します。移動のとき、口を小さなものを包み込むようにすぼめながら『ュゥ』を発声します。強い原音と口形移動で作る音です。

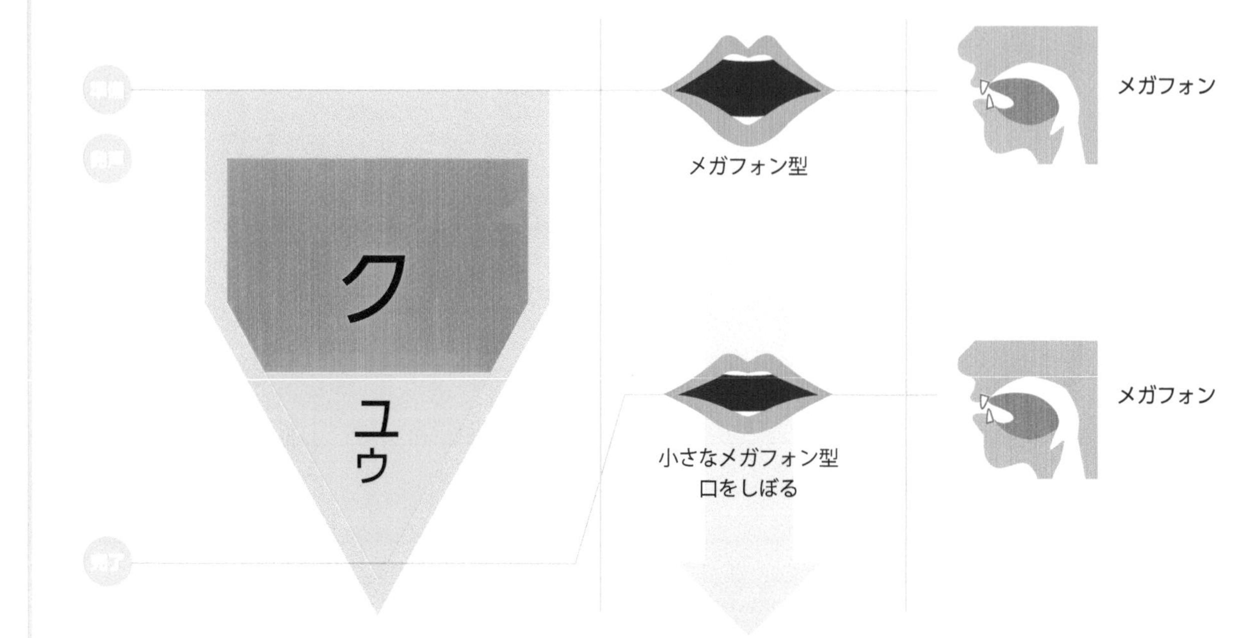

『キュウ』かな。

最初の原音『ク』がないです。短くて良いから必ず入れます。その後『ュゥ』を出せば良いです。最初はあわてずにゆっくり作ってみましょう。

＊9：音の聞こえ方は「キュウ」に近いが、音の要素として「ク・ュ・ゥ」が入っている。

3要素【レターネーム】			
口　　形	縦開き型⇒メガフォン型	歯の位置	口形に従う
舌の位置	下あごにつける		

3要素【原音】			
口　　形	メガフォン型をやや広げる	歯の位置	やや広げたメガフォン型に従う
舌の位置	下あごにつける		

※

原音：フ
レターネーム：エィチ

Point

“H” はこのアルファベットが担う原音がレターネームに含まれていません。レターネームと原音の作り方を分けて説明します。
レターネームは縦開き型から『エィ』を 50% の息で作ります。その後、口形はメガフォン型に移動し、コンビネーションの『CH －チ』を破裂させます。(「コンビネーション」については後述)
原音『フ』はメガフォン型よりもやや口を大きく開けます。そのとき、口の内側の筋肉に力を入れます。一気に出る大量の息が、声門で弱い摩擦を伴い、その息が口内上方側と頬の内側を通るときの音です。

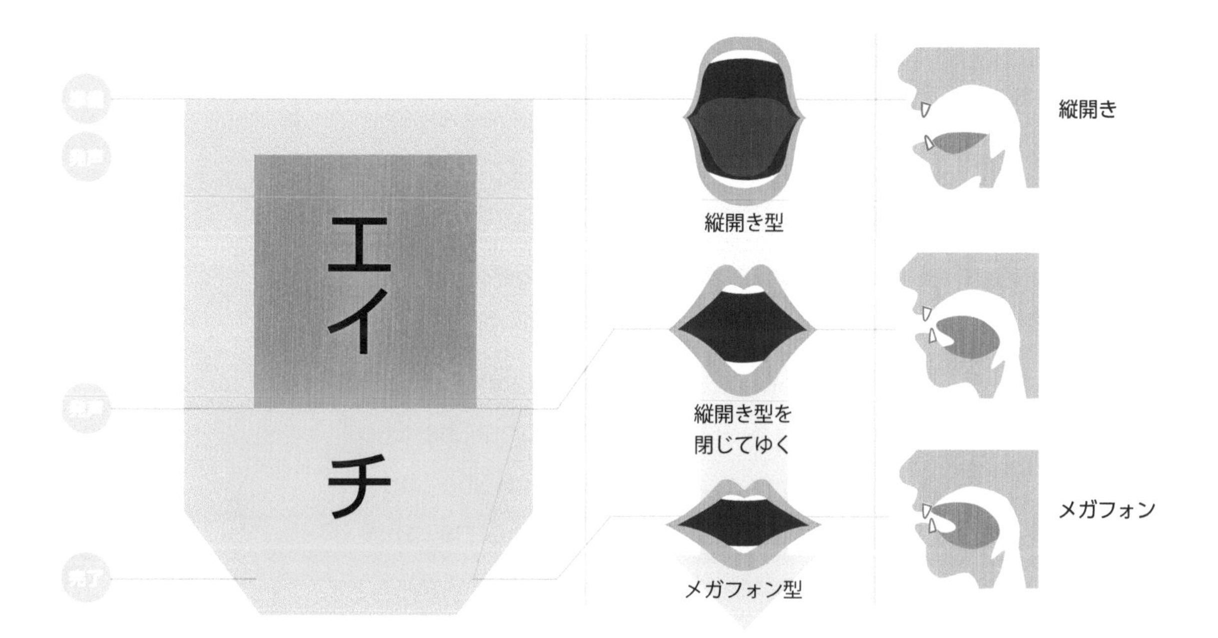

※発声にあたり、H音は有声無声による音声の調整を行っていないので、この分類はしない。H音は声門の摩擦により生じる音声である。但し、他の有声音のように声門を一旦閉じ、強く振動させて声を出す操作とは異なり、ある程度閉じて瞬間的な摩擦を生じさせるもの。有声音としての操作はしないので、音声学では「無声音」と分類されている。研究者によっては、この音の特異性に鑑み、有声音・無声音の分類を行わない者もいる。未来塾は後者の考えに沿い、分類をしない。(コラム「有声音・無声音について」も参照のこと)

やってみます。

それではカタカナの『ハ-ヒ-フ-ヘ-ホ』ですね。"H"は日本語に比べ、およそ3倍の息を出さないと原音は出ません。現実の場面でも、『Help!』の発声のとき、強いHがないと周囲に緊急事態であることが届きません。

全然ハ行の音になりません！

Hの原音だけを発声するのは難しいので、英語50音H行編をやってみると良いでしょう。母音に引っ張られがちですが、Hの原音を出す意識を持ちましょう。
これらは母子分離の訓練です。この英語50音の中では、H行に加え、特にG・W・Fの各行の発声が難しいものとなります。[*10]

Ka-Ki-Ku-Ke-Ko
Sa-Si-Su-Se-So
Ta-Ti-Tu-Te-To
Na-Ni-Nu-Ne-No
Fa-Fi-Fu-Fe-Fo
Ha-Hi-Hu-He-Ho
Ma-Mi-Mu-Me-Mo
Ya-Yi-Yu-Ye-Yo
Ra-Ri-Ru-Re-Ro
La-Li-Lu-Le-Lo
Wa-Wi-Wu-We-Wo
Pa-Pi-Pu-Pe-Po
Da-Di-Du-De-Do
Za-Zi-Zu-Ze-Zo
Va-Vi-Vu-Ve-Vo
Ba-Bi-Bu-Be-Bo
Ja-Ji-Ju-Je-Jo
Ga-Gi-Gu-Ge-Go
Cha-Chi-Chu-Che-Cho
Sha-Shi-Shu-She-Sho
Tha-Thi-Thu-The-Tho

＊10：これらの音声は、始めに発声される子音に強さが求められ、それに続く母音の添え方が難しい。また、これらの綴りは訓練のためのものであり、音声学の表記方法に従うものではない。

3要素【レターネーム】			
口　　形	縦開き型⇒メガフォン型	歯の位置	口形に従う
舌の位置	口内上方後方で接触⇒下あごにおく		

無声音

原音[*11]：
①クス（Kの原音＋Sの原音）
②ズ（Zの原音と同じ）
③ザィ[*12]（Zの原音＋スモール「ィ」）
④グズ（Gの原音2＋Zの原音）
レターネーム：エクス

Point

この音は、口形を縦開き型からメガフォン型に移動させ『エ ク ス』と発声します。この発声を一息で行います。息の配分のイメージは最初の『エ』に50%、続く『クス』に残りの50%を充てるイメージ。後半も大量の息を使うので、予め十分に息を吸っておくこと。

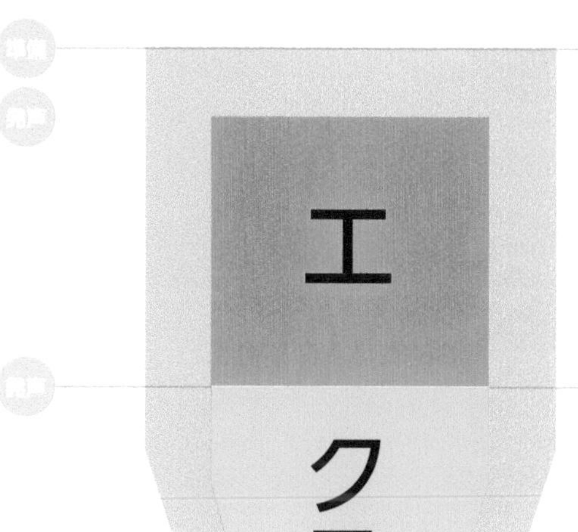

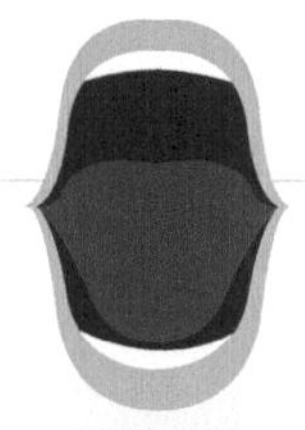

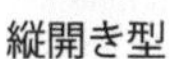

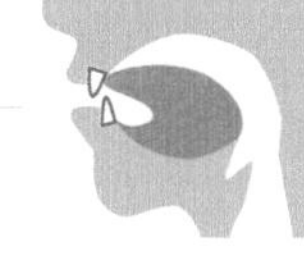

カタカナ音の意識があると不要な『ッ』音が入り、リズムも崩れます。Eの「エ」、Kの「ク」、Sの「ス」を単純につなげれば良いです。

＊11：原音は①が用いられることが多い。①は無声音、他は有声音。②、③を使用する単語は少ない、④は「ク」「ス」とも有声音にして構成すれば良い。
＊12："xy"で始まる単語が持っている音となる。

無声音
原音：ス
(Cの原音①と同じ[*13])
レターネーム：エス

3要素【レターネーム】

口　形	縦開き型⇒メガフォン型	歯の位置	口形に従う
舌の位置	始めは下あごにつける⇒口内中央に移動		

Point

縦開き型で『エ』と発声し、メガフォン型に移動して『ス』と発声します。『ス』の原音は、舌先と上の歯の間を息が通る音です。但し、位置が少しでもずれると「シ(sh音)」となる場合があるので各自で舌の位置を調整してください。レターネームの息の配分のイメージは50%：50%です。

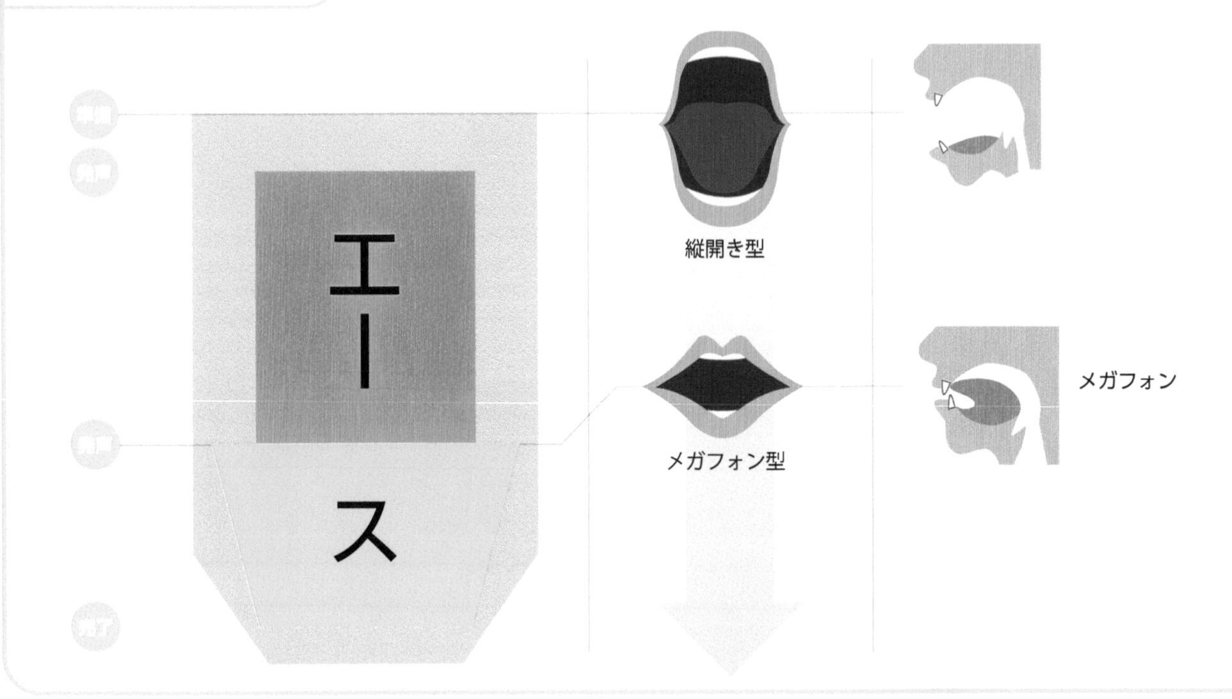

『エ・ス』となり、2拍となりました。息を一定にして出し続け、口形移動を滑らかに行うと途切れません。

＊13：他の単語に接続してZ音になる場合がある。これはSの原音ではなく、Z音に置き換わったもの。

Z

有声音

原音：ズ
レターネーム：ズィー

3要素【原音・レターネームとも】

口　形	メガフォン型	舌の位置	口内の中央
歯の位置	メガフォン型による位置、くいしばらない		

Point

原音はSの原音の有声音です。口形は終始メガフォン型です。唇はできるだけ絞り、通常のメガフォン型よりも小さめぐらいが良いです。上下の前歯の間を少し開け、舌は口内のどこにも触れず、舌先が歯のすぐ後ろに位置します。口形を固め、強い息を一気に出します。口形をそのままにして、これにスモール『ィー』をつけます。

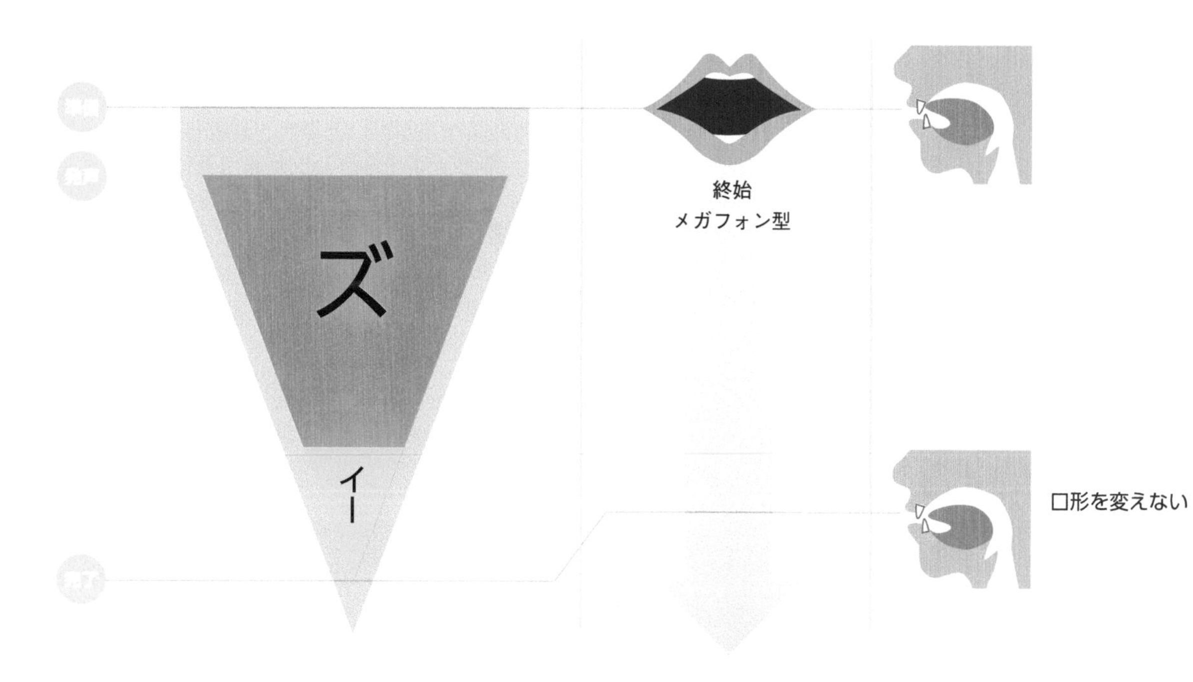

やってみます、『ズィー』！

原音としての『ズ』は短くて良いです。長いと『ズ・ィー』となりがち。口形は変えず、『ィー』のときに舌をほんの少し引き、息だけでコントロールします。原音は連続して『ズー』と出すことも可能です。強く安定して出るまでやってみると良いです。

14 コンビネーション／CH、SH、TH

「コンビネーション」とは、２つのアルファベットが合わさり、単独のアルファベットでは担当しない原音を表現するアルファベットが連続した表記のことです*14。
コンビネーションにはレターネームとしての発声はなく、原音だけですが、原音を単独で強く出せるようになると、単語での発声も明瞭になります。

CH

3要素【原音】			
口　形	メガフォン型	舌の位置	半ばから奥が口蓋に接触
歯の位置	メガフォン型に従う		

無声音

原音：チ
（Hのレターネームを構成する音）

Point

この音は『H』のレターネームを構成しているのに、その『チ』音を表現するには『C＋H』のスペルがないと発声されません。口形はメガフォン型です。舌の半ばぐらいの位置を口蓋に強く接触させ、舌の先の部分で息をせき止めます。それを強い息で一気に破裂させて作る音です。

終始
メガフォン型

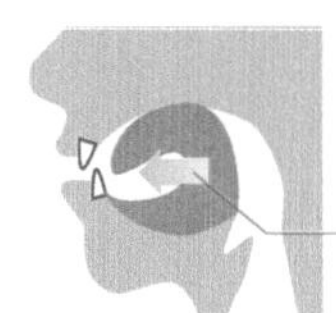

こうかな、『チ』！

音はそれで良いですが、その３倍の息をください。出しやすい音声なので、口形を固めて素直に息をぶつけましょう。

＊14：コンビネーションのうち、単独のアルファベットが担う原音と同じ原音を担うものは（例：ph, gh⇒f音）、訓練対象としない。中津によれば、ネイティブはアルファベットが担う原音とコンビネーションが担う原音の発声を少し変えているとのこと。但し、原音としては基本的に同じものであり、また、非ネイティブが発声するときにその違いを出さなくともネイティブとのコミュニケーションに支障はない（例：ph・ghの"f"音はFの"f"音よりも弱い）。よって、それらのコンビネーションの訓練は行わない。

SH

3要素【原音】			
口　　形	メガフォン型	舌の位置	口内前方、どこにも触れないが、少し下方に置く
歯の位置	メガフォン型に従う		

無声音　原音：シュ

Point 舌は下あごから少し持ち上げ、力を入れて口内前方かつ少し下方に置くが、どこにも接していません。口蓋と舌の間の隙間を狭くし、そこを強い息が通る時の音です。

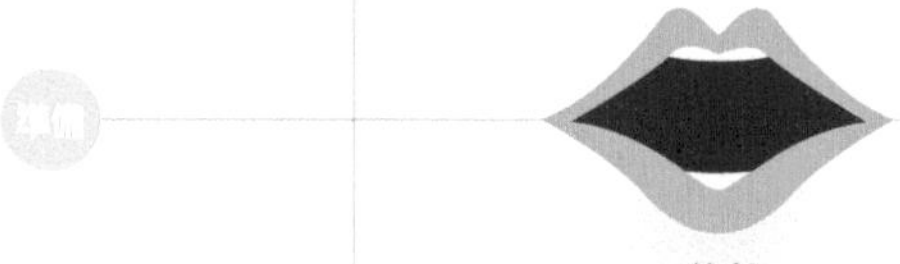

終始
メガフォン型

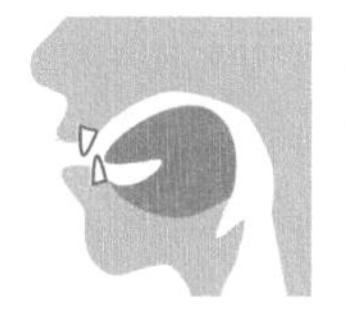

舌は口内前方、
すこし下方に置くが、
どこにも接していない。
口蓋と舌の間の隙間を狭く

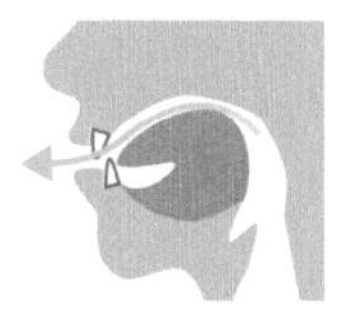

舌の位置はそのまま
口蓋と舌の間を呼気が
通る時の音です。

音の作り方は、童謡「汽車汽車シュポシュポ」の「シュ」で良いです。Sの原音「ス」とは異なる音です。メガフォン型をさらに絞り、強い息をぶつけます。口形がゆるく、息量も少ないと、カタカナの「シ」となります。

Column

IR , ER , UR , OR,+ARについて

これら４つの表記が担う音声は、日本語には無い音声なので、カタカナで適切に書くことはできませんが、そのイメージを敢えて日本語で書くと「ァー（ル）」となります。口をあまり開けず、丸くせず、曖昧な「ア」（発音記号は「ə」、schwaと呼ばれる）を伸ばす音となります。口形は口を閉じ気味にし、舌を口内の中央に置きつつ軽く湾曲させます。その状態で、狭くなった口蓋と舌の間を息が通る音です。「R」があるので、最後に舌を巻きます。未来塾では、一般米語の発声にならい、「R」の音を明瞭に作ります。

発音記号で書くといずれも[əː]と表されますが、中津先生によるとネイティブでは音を区別して発声している者がいるとのこと。“IR”,“ER”は表記には影響されず上記で説明した通りの発声となります。“UR”は先の２つよりも少し口をすぼめ、唇と舌の絞り込みをやや強めて発声します。

“OR”で発音が[əː]の場合、“O”の文字に影響され“O”の音の影響が出ることがあります。米国人も“O”がかる人がいます。英国人も“O”であることが分かるように音を区別する場合があります。また、英語を母語としない西欧系の人が英語を話すときにも“O”の影響が出ることが多いです。

なお、“UR”、“OR”を[əː]の音で発声しても、即ちこの４つの「+R」コンビネーションを同じ音声で発声しても、ネイティブが理解に支障を来たすことはありません。

参考のために書き添えますが、ARは全く口形が異なり、縦開きを行い、口内に大きな空間ができるので、Rも舌を大きく使って巻き、明瞭に発声します。

次のコンビネーション「TH」には音声が2種類あります。
綴りは「TH」の一つだけですが、無声音と有声音があります。どちらの音声かは綴りでは規則はなく、単語ごとに覚えるしかありません。日本語にはない音なので、この音声のための口形、動作、息遣いを覚え、音声を安定して出せるようになるまで、何度もやってみましょう。[*15 *16]

TH

TH①

無声音	原音：ス（無声音、日本語音にない音声なのであくまで音のイメージ、Cの原音1「ス」とは異なる）

TH②

有声音	原音：ズ（有声音、日本語音にない、Zの原音「ズ」とは異なる）

3要素【原音】			
口　形	メガフォン型	舌の位置	舌先を前歯先に押当てる
歯の位置	メガフォン型に従う		

Point

口形はメガフォン型を少し広く開け、口の脇は開け過ぎず口の中央に寄せるイメージ。舌の先端から数㎝の箇所を前歯先端に強く当て、息を舌と歯の間を通すときの音です。原音TH①、TH②の口形は基本的に同じですが、TH②の方がTH①よりも少し強く押し当てると良いです。
この音は、T、Dと同じように『押し当て破裂音』の動作で行うと明瞭な音が出ます。

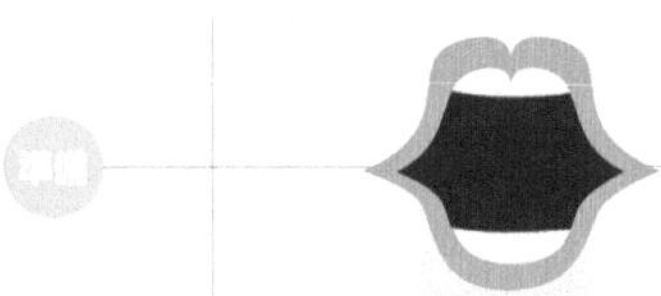

メガフォン型を少し広く開け
口の脇は開け過ぎず
口の中央に寄せる

舌の先端から数㎝の
箇所を前歯先端に
強く当てる

強い呼気を
舌と歯の間を
通すときに発声

こうですか、「ス」！

舌を噛んでいます。その動作では息がせきとめられ声が弱くなったり、THとは異なる音になったりします。英語には舌を噛んで出す音はありません。日本語音にはない音なので、最初は作れないかもしれませんが、正しい口形を意識すると必ず作れるようになります。舌の強さが必要なので基本運動の5も役に立ちます。

＊15：現在、世界中の多くの人が英語を使うが、TH音は非ネイティブにとり発声が難しい音声の１つである。地域によってはT音に近い音声として発声されることがある。リスニングの知識として知っておくと良い。

＊16：発声訓練の対象となるものはアルファベット26文字とコンビネーションの3つである。使用される頻度が低いもの、あるいは厳密な発声が求められないいくつかの原音はアルファベット・単語訓練の対象としていない。それらはスピーチ訓練の中で適宜指導してゆく。

15 アルファベット仕上

(1) アルファベット回し

やっと英語音の発声のやり方が分かりました。次は単語ですね。

すぐに行きたいのでしょうけど、いきなり次の課程に入ると日本語のリズムが出てきてしまいます。日本語のリズムを断ち切り、英語リズムの基本を作る４つの訓練に取り組みます。**アルファベット回し**、**アルファベット５音連結**、そして単語訓練の最後の**単語回し**、**単語４語連結**です。

最初に取り組む**『アルファベット回し』**とは講師と受講生が立って輪になり、アルファベットのレターネームを順に「A」「B」「C」…とそれぞれが一つを発声し、隣の者が次のレターネームを発声します。そうやって「Z」まで発声してゆきます。

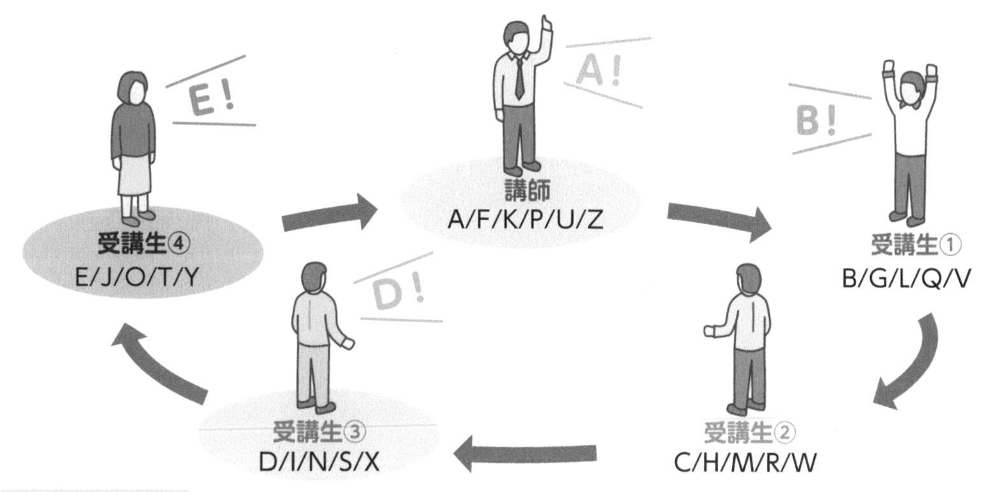

単純に A、B、C と順番に発声してゆくだけですか？

そうです、でもこれが難しい。

ポイントは、次の３つです：

① それぞれのアルファベットを同じ長さで発声する

② 発声の間にポーズを置かずに一定のリズムで回す

③ レターネームの発声のとき、アタックを付け、音声を下げる

個々のアルファベット発声練習では、原音を強調して、明瞭なレターネームを作ることに主眼を置きます。それゆえに、各アルファベットの発声の時間は揃えず、訓練効果を出すために長く発声するものもあります。しかし、単語に入ると、そのままの発声で単語の音声を構成すると音のバランスが悪くなります。そこで、まず各アルファベットを同じ長さで発声し、音声をコントロールする訓練を行います。

【同じ長さで発声するイメージ】

※映像では座ってやっている。大切なことはリズム良く回すこと。訓練では立った方が良いが、少人数であれば着座でも構わない。最低３名いればできる。

5人でリズムを合わせるのはなかなか難しいですね。

まず、口形移動を意識しましょう。原音を入れ、アルファベットの出だしにアタックを付けます。アルファベット回しのときは、他の人の発音を目で追ってはダメ、耳で追います。自分が発声する順番の3、4人前まで回ってきたら息を吸って待ちます。自分の番が来たら間髪を入れずに発声します。出だしのアタックがリズムを作ります。あたかも一人の人間が26文字を発声しているように、よどみなく明瞭で正確につなげます。声量は小さいと次の人に聞こえず、大き過ぎると滑らかにつながらないので注意してください。

(2) アルファベット5音連結

2つ目の「アルファベット5音連結」は、今度は一人でアルファベットを5つ

A-B-C-D-E　F-G-H-I-J　K-L-M-N-O　P-Q-R-S-T　U-V-W-X-Y-Z

と続けて発声します。できる人は5音の固まりを一度に複数やっても良いでしょう。これは、いわば、今行ったアルファベット回しを一人でやるということです。息と音声のコントロールのレベルを上げ、同時に個人の発声の癖を取り除くために行います。

【図①】

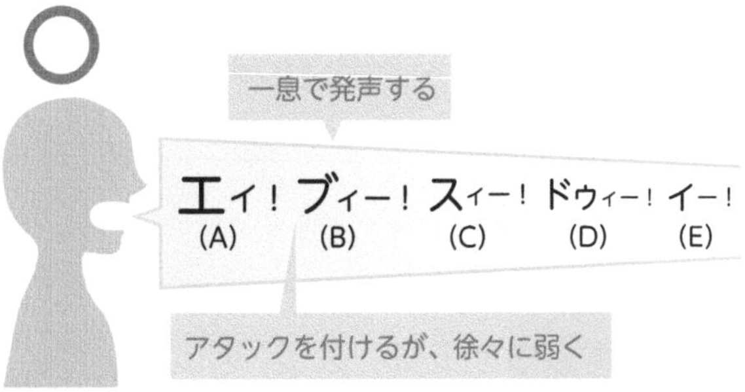

○

一息で発声する

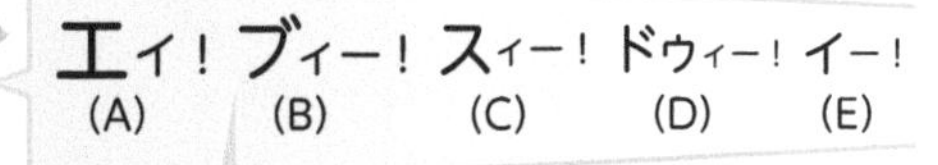

アタックを付けるが、徐々に弱く

【図②】

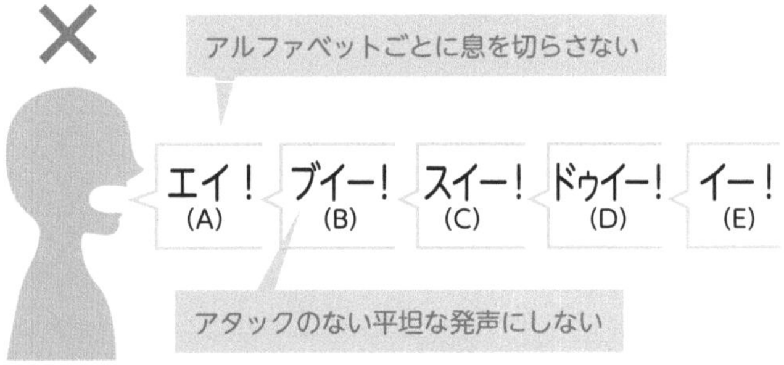

×

アルファベットごとに息を切らさない

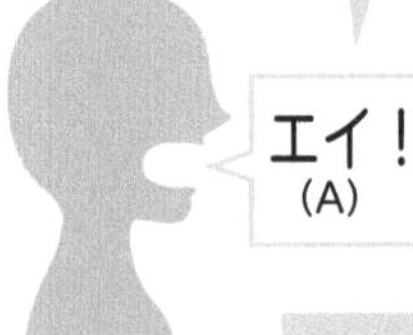

アタックのない平坦な発声にしない

発声のイメージをイラストにすると図①のようになります。アルファベットAにアタックを付けて発声し、その息があるうちにB、未だあるうちにC、同じようにD、同じようにEと繋げます。一息でアルファベット5つを発声します。各アルファベットの発声の長さは同じです。アタックは、最初のアルファベットが最も強く、段々弱くなりますが、他のアルファベットにもつけます。全体として一つの単語のように頭にアタックがつき、末尾に向けて音声を下げます。図②のようにアルファベットの音声、息が切れてしまうこと、アタックがなく全体として平坦な発声になると訓練目的を達成できません。発声の速度は速くても遅くても構いません。これを円滑に行うコツは2つあります。1つは、**息を十分に吸っておき**、最初のアルファベットにアタックをつけ、十分な息を乗せ、その勢いで一気に最後まで発声することです。2つめ以降のアルファベットのために息を温存すると、かえって音声が上下する、息を無駄遣いする、リズムが乱れる等の副作用が出ます。もう1つは、**意識して口形移動を行う**ことです。5つのアルファベットが要求する口形を予め意識しておき、せっせと動かすことです。
他の2つの訓練は、個別の単語訓練の後に行います。

アルファベットだけの発声訓練なんてしたことが無かったけど、これは楽しかったですね。

私は思ったよりもうまくできないわ。どうしても口形と息と声がピタッと合わない。やり方を教えられてもなかなかできないです。

実咲さん、考えすぎですよ。大きな声を出せばできますよ。

大きな声を出すのはすごいストレスです。普段、大きな声を出すことはまずないもの。でも少しずつ出せるようになってきたわ。

その調子です。音声は、破裂音と母音はアタックを付けやすいです。口の奥で作るK、Gなどは難しいです。コメントを真面目に聞かないとできないや。

コメントは「ダメ」ばかりで少し落ち込みます。でも、まずは言われた通りにやってみます。

日本の女性の多くは、普段あまり大きな声を出さないからこの訓練でストレスを感じるのはもっともです。実咲さんは、まだ口の周りの筋肉もついていないから、口形・息・声の合わせは難しいでしょう。でも未だ始まったばかり、焦る必要はありません。
正太君は息・声は出ているけど、口形はかなり不正確です。講師と他の受講生の口形を見て、正しい発声のときの口形を覚え、自分もやってみること。他の受講生へのコメントも聞くこと。そうやって丁寧に取り組むことが力になります。

16 単語導入

アルファベット発声訓練が終わりました。次は単語に入ります。ここでは、数万個もある英単語の中から訓練効果を高めることができる108個を取りあげ、発声訓練をします。これらの108個の単語は、多くが日本語の中で外来語として使われているものです。よって、日本語音としての発音になりがちですが、そこを離れ英語音にもってゆくことが訓練の狙いです。

単語発声訓練の狙いは以下の５つです：
（１）日本語音声から離れ、アルファベット訓練で培った英語音声で構成する。
（２）音を連結する。
（３）意識して口形移動を行う。
（４）呼吸をコントロールし、一息で発声する。
（５）英語の基本リズムを作る。

アルファベットとの大きな違いは、単語は原音が組み合わされて意味のある音の集まりとなっていることです。アルファベットよりも音の構成が長いですし、必ずしも発声しやすい順番で音が並んでいるとは限りません。
ここで取り上げる英単語は、外来語として日本語に入ってきています。それがカタカナ音として意識と身体にしみついており、英語音発声のときに出てきて邪魔をします。

気をつけなくてはいけないことがこんなにあるのですか？

そう見えるけど、５つの狙いは別々のことではなく、１つの正しい動作のために必要な「合わせ技」なのでそんなに難しくはありません。むしろ、カタカナ音を捨てることの方が難しく、時間もかかります。
単語発声訓練の注意点も挙げておきます：
① アルファベット訓練で実施した「原音」、「母子分離」を単語でも行う。
② 発声の際、語頭のアタックを実行する。アクセント（Column参照）が第１音節にある場合はアタック＝アクセントとなる。アクセントが第２音節以降にある場合でも、語頭の音には一定の強さを出す 。
③ 語尾も一定の強さで発声し、聞き手に届ける。
④ 短母音（後述）を用いて発声する 。
⑤ 当初は増幅法で発声し、安定してきたらスピーチ音に移行する。

やることが多すぎて分かりにくいです。最初は特に何に気を付ければ良いですか。

基本は、個々の音声を意識して口形を作り、それに十分な息をぶつけること、そして口形移動をして次の音に移ることです。1つずつ確実に作りましょう。

Column

「短母音」とは

アルファベットの段階では存在しませんが、単語になると子音に挟まれた母音をごく短く発声することが求められます。例えば、penのe、pigのi、potのoがそうです。これらは、意識してごく短く発声しないと、単語、そしてその単語を持つ文の発声のリズムを崩してしまいます。短母音は非英語ネイティブが胸式呼吸を用いて発声するとどうしても長くなりがちであり、コントロールすることが難しい発声です。未来塾では、腹式呼吸を用いて、短い息を瞬間的にぶつけるようにして作ります。

日本人が特に注意しなくてはいけないのは、この短母音と日本語の「促音(そくおん)」(小さな「っ」で表記される音)と混同しないことです。日本語には短母音はないので、本来、新たな発声として習得しなければなりませんが、身体は、過去の記憶から実施できる動作を探そうとします。そこに、日本語の「促音」が登場します。先程のpen、pig、potで言えば、発声はp-e-n、p-i-g、p-o-tの構成となりますが、日本語によるカタカナ表記では「ペン」「ピッグ」「ポット」となり、後の2つには「ッ」音が入ります。このイメージに影響され、英語においてもi、oが必要以上に長く発声されたり、i、oの後に日本語の促音に相当する音の留保、音の呑み込みが生じることがあります。あるいは、これらの次の音、ここで言えばg、tが必要以上に強く発声されがちです。さらに多くの場合、日本語のイメージに引きずられ本来存在しない母音を後ろにつける傾向があります。Pigであれば“u”、potであれば“o”の音がつくことがあります。

「短母音」は短く、小さな音ですが、英語のリズムを作る重要な音の要素なのです。

「子音結合」とは

他の注釈箇所で述べましたが、英語は音節が子音で終わる閉音節が多い言語です。未来塾では、母音の前後に子音が並んでいる状態を「〇重子音」と呼び、日本語では存在しない発声の型ゆえの難しさを意識し、訓練を行います。音声学では、このような子音の連なりを「子音結合 consonant cluster」と呼んでいます。子音の数は、母音の前に3個、後ろに4個までの出現が認められます。出現頻度としては、2重が最も多く、3重以上になると下がりますがそれほど特殊ではありません(例:textbook、4重)。訓練上の留意点は、口形移動を意識して素早く行うこと、子音の間に存在しない母音を発声しないことです。

英語のアクセントについて

英語は強勢アクセントを持つ言語で、強勢が置かれる(アクセントがある)音節が強く発声され、それに伴ってその音節は若干長く、音が若干高くなり、呼気の量も多くなります。(「はじめての英語学」第9章)アクセントがある音節の中では、その音節の母音に強勢が置かれますが日本人が母音を意識すると強調され過ぎ、子音が弱くなり、音声のバランスが悪くなる傾向があります。未来塾では、子音に強勢を置きます。目的は、その単語を一拍で、一音節で言い切るためです(訓練では1音節の単語を使います)。日本語は高低アクセントを持つ言語で、音節間の相対的な音の高低によりアクセントを表します。高低アクセントの場合、発声の強弱は必ずしも伴いません。なお、強勢アクセントにも一定の規則があります。しかし、中津先生によれば、アクセントは文意、文脈により適宜変化するとのことなので、未来塾では句強勢・合成語強勢・文強勢は扱いません。(ここで使った用語は「英語総合研究」によります。)

(1) 単語一覧表

P	Park	Pen	Pig	Pot
B	Bat	Bed	Boy	Book
M	Mother	Make	Milk	Moon
F	Fire	Fish	Four	Foot
V	Violin	Vest	Very	Visit
S	Sun	Seven	Sit	School
Z	Zebra	Zipper	Zone	Zoo

T
Tiger
Table
Teeth
Toe
D
Down
Desk
Dish
Dog
N
Nurse
Net
Nail
No
L
Lion
Leg
Lily
Leaf
R
Right
Rabbit
Rain
Room
K
Kite
Kill
Key
Keep
C
Come
Cat
Car
Cold

G
Gate
Girl
Give
Go
-ng
Sing
King
Swing
Long
-x
Ax
Box
Six
Textbook
MATH
H
Hat
Head
Here
Horse
W
Work
Window
Watch
Woman
Wh
Whale
Whistle
What
!?
Wheat
Qu
Quiet
Question
Queen
Quarter

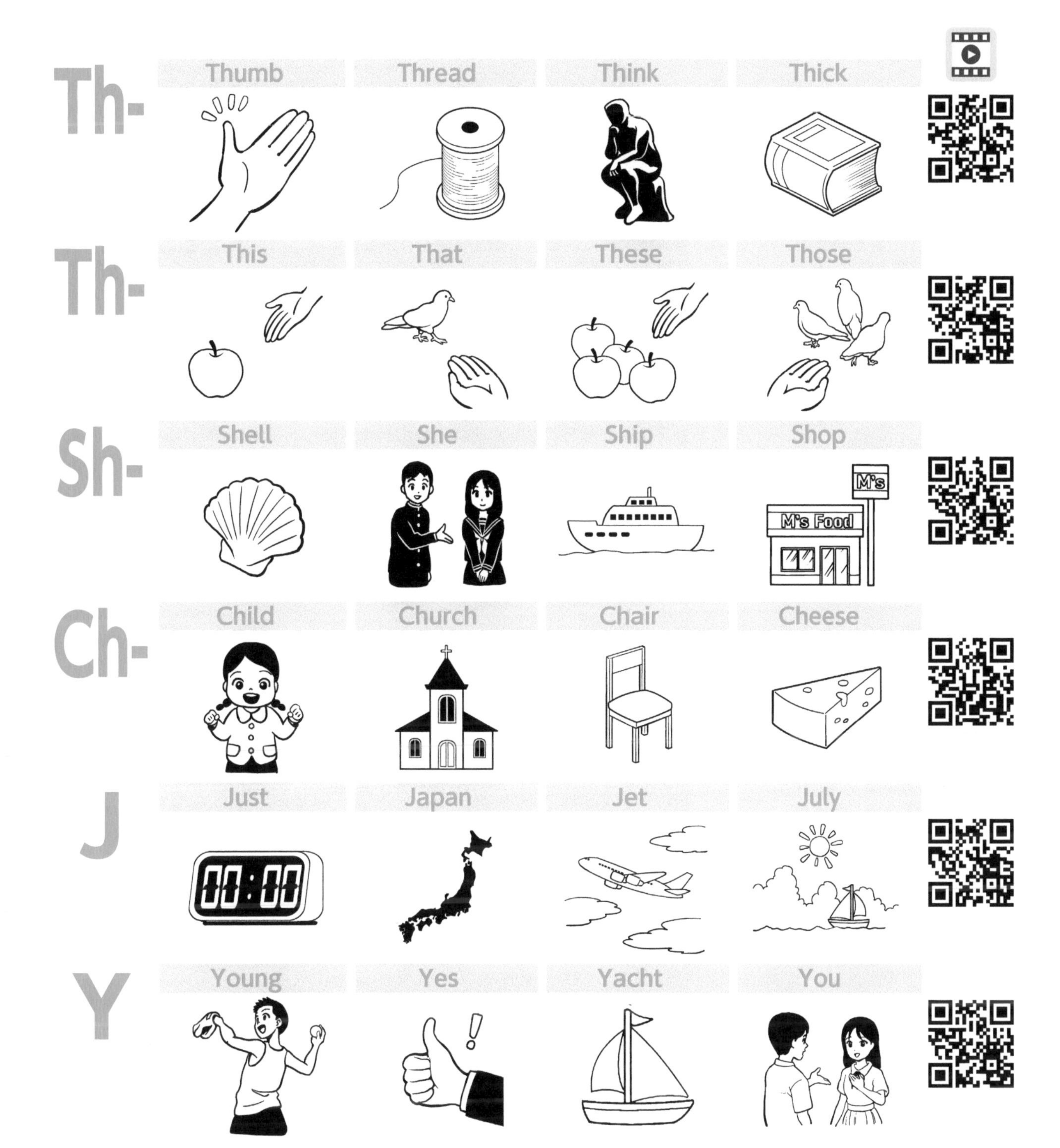
Th-
Thumb
Thread
Think
Thick
Th-
This
That
These
Those
Sh-
Shell
She
Ship
Shop
M's
M's Food
Ch-
Child
Church
Chair
Cheese
J
Just
Japan
Jet
July
Y
Young
Yes
Yacht
You

(2) 単語解説編

P

発音のポイント▶ Pにしっかり破裂音を入れ、単語全体を勢いで一息で発声する。音声は、語尾に向けて下げる。そうしないと音のバランスが崩れる、余った息がどこかで出ようとして不必要な箇所で音が上がる、等の不具合が発生することがある*1。

Park	Pen	Pig	Pot
aは口を大きく縦開きし、音を伸ばす。rで舌を巻き、最後はkの原音で舌を弾く。	eは短母音。nは呑み込まずに舌を破裂させて作る。	iは短母音。語尾のgは作りにくいが、呑み込まずに原音を作る。	oは短母音。tは舌を歯に添えるだけではなく、しっかり弾く。

B

発音のポイント▶ Bに破裂を入れ、全体を勢いで一息で発声する。BはPの有声音だが、Pに比べ強い音なので、Bに続く音が不正確に作られがち。それぞれの音を意識し、丁寧に作る*2。

Bat	Bed 	Boy	Book
 aは短母音。軽くて良い*3。tは舌を歯に添えるだけではなく、舌を弾く。	eは短母音。dは意識して作らないと弱くなりがち。	oは母音のOを小さく作る*4。そして、短く「I」を添える。	ooは短母音。最後はkの原音で舌を弾く。日本語の「ッ」を入れない。

M

発音のポイント▶ 語頭のMを意識して強く破裂させて作る。その勢いで全体を一息で発声する。Mが弱いとカタカナ音となる。

Mother	Make 	Milk	Moon
 mの破裂の後、thを舌を歯に当て確実に作る。erは音を伸ばし、最後は舌を巻く。	 m+スモールaを届け、その後kで舌を弾く。	 カタカナ音の影響が大きな単語。iを短母音で発声し、l、kも原音を入れる。	mだけでなく、nにも原音を入れて舌を弾く。全体として音の上下、息の断絶を起こさない。*5

F

発音のポイント▶ Fの原音を強く破裂させ、その勢いで次の母音を作り、語尾まで確実に発声する。

Fire 	Fish	Four	Foot
iは口をきちんと開ける。その後、口を狭めrの舌を巻く。	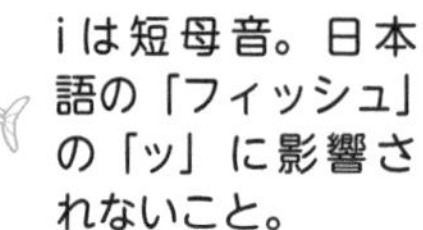 iは短母音。日本語の「フィッシュ」の「ッ」に影響されないこと。	 oは口をOの形のように丸く作る*6。この時、舌を下顎に固定する。rも舌を巻く。	ooは短母音。tも舌を弾く。日本語の「ッ」を入れない。

V

発音のポイント▶ 息を十分に入れＶの原音を強く破裂させる。そうしないと次の母音と混じりカタカナ音になり易いので注意する。

Violin	Vest	Very	Visit
 アクセントはliだが、語頭のviにもストレスをかける。nも舌を弾く。全体で２拍にしない。	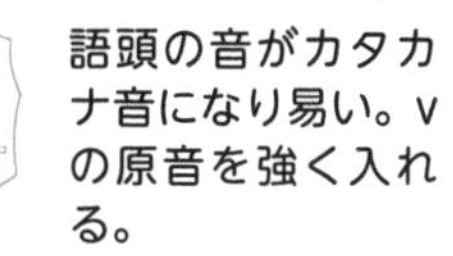 語頭の音がカタカナ音になり易い。vの原音を強く入れる。	 全体としてカタカナ音になり易い。vの原音を強く入れ、rは舌を手早く巻いて粘る。	２つのｉは同じ短母音であり、同じリズム。２つ目のｉを日本語の「ィッ」としない。

S

発音のポイント▶ Ｓで始まる単語は日本語の外来語となっているものが多く、サ行のカタカナ音となりがち。語頭のＳに原音を鋭く、短く入れることを意識する。

Sun	Seven	Sit	School
 語頭のｓを鋭く作り、ｎは舌を弾く。	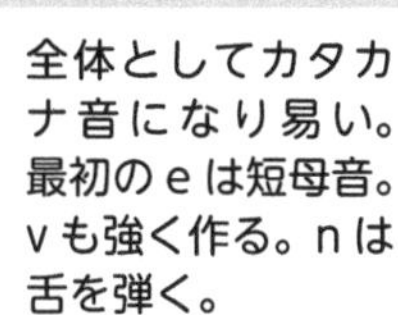 全体としてカタカナ音になり易い。最初のｅは短母音。ｖも強く作る。ｎは舌を弾く。	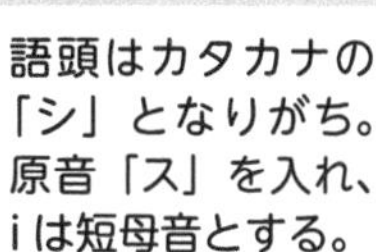 語頭はカタカナの「シ」となりがち。原音「ス」を入れ、ｉは短母音とする。	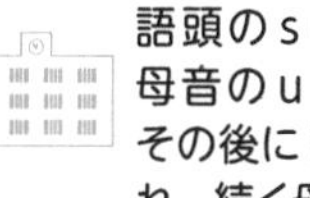 語頭のｓは原音のみ、母音のｕを入れない。その後にｋの原音を入れ、続く母音を伸ばす。ｌも息を入れる。

Z

発音のポイント▶ 語頭のＺに十分な息を入れ、しっかりと原音を発声する。Ｚは続く母音と混じりカタカナ音となり易いので注意する。

Zebra	Zipper	Zone	Zoo
 [未来塾では[zi:bra]で発声する][*7]。ｚにストレスをかけ、ｅで伸ばす。ｂも破裂させ、raも舌を巻き、その後戻して発声する。	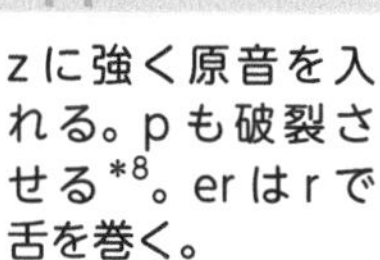 ｚに強く原音を入れる。ｐも破裂させる[*8]。erはｒで舌を巻く。	 ｏはスモールＯの音声を作る。「オー」ではない。ｎは舌を弾く。	ooは口を絞る。音のイメージは「ウゥ」であり、「ウー」ではない。

＊1：他の、語頭の音が破裂系の単語も同じ傾向を持つ。

＊2：「Ｐ－Ｂ」のように原音が「無声音―有声音」の関係にあるアルファベットの組み合わせは複数ある。有声音側のアルファベットを用いた単語の場合、口形を固め、より多くの息を用いなくてはならず、さらに口形移動があるので、発声は無声音よりも難くなる傾向がある。

＊3：発音記号の「æ」を意識すると、日本人の場合、「e」音が大きくなり汚い響きになりがちなので、通常の「ア」を強く発声すれば良い。

＊4：発音記号では「ɔi」で表記され、小さなｏを作り直ちに口をすぼめてｉを添える二重母音となる。日本人が発声する場合、響きが悪くなり本来のboyの音声に聞こえない場合が多いので、「オ－ウ－イ」としてＯを小さく作る方が単語本来の語感に近くなる。

＊5：Moonの「oo」は長母音であり、発音記号では「u:」となる。但し、これはbookの「oo」（「u」の短母音）を単純に伸ばしたものではなく、異なる音声であり、口形、息の使い方が異なる。米語では特にそのように発声される。「i:」「u:」は舌の動きが大きいので特に顕著だが、他の母音もそのように意識すると良い。

＊6：音声学では、「o」「o:」「u」「u:」の音声は「円唇母音」と呼ばれ、唇を丸めて発声する音声である。技術的には唇を「O」の形にする、舌を「U」のように湾曲させるという意識で実施できる。「u」「u:」であっても、スペルには「O」があるので、口形を丸くするイメージで良い。

＊7：[zebra]でも良いが、こちらは語頭の音がカタカナ音になり易いので注意する。

＊8：スペルがppでも、発音上はpが２つあるわけではないが、中津によれば、子音のアルファベットが２つ重なっている場合、nativeはよりストレスをかけて発声する傾向が見られるとのこと。

T

発音のポイント▶ tはカタカナのタ行と音が近いのでカタカナ音になり易い。最初に短く鋭く原音だけを入れる[*9]。

Tiger
tの原音を入れた後、iで口を開く。gの原音を入れ、erは音を伸ばしてrで舌を巻く。

Table
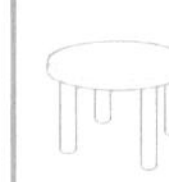
aは短く作る。b,lの原音を入れる。意識して口形を大きく動かすと良い。

Teeth
eeの時に口を横に引かない[*10]。thは舌を歯に当てて強く作らないと聞き取れない。

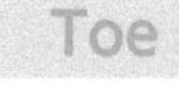
Toe
スモールOを作り、口をすぼめながら「ォゥ」と発声する。「ォー」ではない。

D

発音のポイント▶ Dにストレスをかけ、英語として求められる強さを出すのは日本人にとっては難しい。口形を作り、舌を強く押し当て、弾く。音を単語の末尾に向けて下げる意識を強く持つ。そうしないとDに続く母音の方が目立ってしまいがち。

Down
owの二重母音を大きくせず、コンパクトに入れる。nも舌を弾く。

Desk
eは大きな母音となりがち。添える程度で良い。

Dish
「ィ」はあくまで短母音、「ッ」を入れない。

Dog
dで弾いた舌を戻してgの原音を作る。語末のgはカタカナ音になりがちなので舌を弾く。

N

発音のポイント▶ 舌の粘りを作り、舌を前歯の後ろ(歯茎)に押し当てて破裂させる。そうしないとNが構成する否定の意味を持つ単語の語感が出ない。またNの発声の際、音を鼻に抜かない[*11]。

Nurse
nを作った後、短いuでつなぎ、rの舌の巻きを作る。その後、舌を前方に置きsを作る。

Net
eは短母音。短い単語だからこそtも強く弾く。tの後に母音を付けない。

Nail
nの原音を入れ、aiを二重母音で発声し、lのために舌を歯茎に当て息を強く当てる。[*12]。

No
スモールOを作り、口を絞る。語頭の強いnの原音とその後の口の絞り込みがないと否定の語感が出ない。

L

発音のポイント▶ 語頭のLは前歯の歯茎に舌を強く当て、口形を丁寧に作り舌を破裂させる。そこに70%程度の呼気を使う。

Lion

Lの原音を発声した後、iで口を開けて発声し、nも舌を弾く。

Leg
eは単母音。gは前方にある舌を口の奥に戻し、強く弾く。

Lily

iは舌を口中に引かずに前方においたまま発声する。そうすると2つめのlの語感が出る。

Leaf
eaで口を横に引かない。fは強く弾く。

R

発音のポイント▶ 語頭のｒは舌を巻き、きちんと口形を作り、十分な息で原音を発声し、舌を巻き戻しながら次の音に移る。

Right

rの正しい口形と十分な息がないと「正しい」という語感が出ない。ｉは意識して口を開けること。

Rabbit

ｂの破裂を入れる。ａ、ｉとも短母音、特にｉで「ッ」を入れない。ｔも舌を弾く。

Rain

ai はこの単語単独のときは口を開ける。合成語のときはあまり開けずに作る。

Room

ｍは原音の破裂を作る。r,oo,m はそれぞれ口形が異なるが、全体として音を波打たせず平坦に作る。

K

発音のポイント▶ Ｋはカタカナ音になりがちだが、舌を強く弾いて原音を作り、「母子分離」を行い、次の音に移る。

Kite

ｋの原音を舌を弾いて作り、ｉは口を開ける。ｔで舌を弾く。

Kill

「殺す」という響きを出すために、語頭のｋを強く発声する。ｌで舌を強く前歯の歯茎に押し当てる。

Key

語頭のｋは出し易いが、ey で口を横に引かない。音も下げる。

Keep

音としては key にｐをつけるだけ。語尾のｐで唇を弾く。

C

発音のポイント▶ 原音の発声はＫ（「ク」音）と同じ*13。Ｋと同様にカタカナ音になりがちだが、舌を弾いて原音を作り、「母子分離」を行う。

Come

多く場面で用いられるのでカタカナ音になりがち。ｃとｍの原音を強く入れる。

Cat

ｃの原音を強く発声し、残った息でｔを舌を弾いて作る。

Car

ｃの原音を発声した後、ａで大きく口を縦開きし、その後、舌を巻いてｒを作る。

Cold

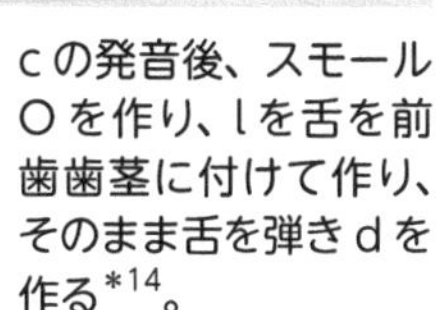

ｃの発音後、スモールＯを作り、ｌを舌を前歯歯茎に付けて作り、そのまま舌を弾きｄを作る*14。

＊９：タ行の音を「タ、チ、ツ、テ、ト」ではなく、「t-a,t-i,t-u,t-e,t-o」で発声する訓練も効果的である。

＊10：「基本運動その１」、その他幾つかのアルファベットの説明に記したが、日本人の悪い動作の一つが口を横に開くこと。特に［i:］音の発声の時に現れやすい。単語になると身体に染みついている癖として無意識に現れ易いので、そうならないよう注意すると共に、初期の頃は、口が開かないよう鏡で確かめると良い。

＊11：仏語の鼻母音は、口蓋垂を下げておいて母音を鼻腔に抜いて出す音であり、息が口と鼻に同時に抜ける。英語のｎの音声は、このように鼻腔に息をぬく操作はしない。ある程度自然に抜けるのは構わないが、意識的に抜く動作はない。

＊12：語末のＬは声が出過ぎてカタカナ音にならないように注意しながら、息を充分に入れる。他の末尾がＬで終わる単語も同じ。

＊13：ＫとＣは共通する原音を持つが、綴りにより担当する音声を変えている。例えば、k+e, k+i のｋは原音「ク」を担当し、c+e, c+i のｃは原音の「ス」を担当する。

＊14：'-ld' で終わる単語は多いが、音声の作り方はここに記載したことと同じ。正確にできないうちはゆっくり口形移動を行い、正確な動作を心がけること。d, ld, old, cold と末尾から音を作って繋げる訓練も効果的である。

G

発音のポイント▶　ここではGが担う2つの原音のうち「グ」を使う単語を発声する。この原音は強い音なので、舌を弾く位置はすこし口の奥となり、やりにくいが、確実に弾くこと。そうしないとカタカナ音になってしまう。

Gate	Girl	Give	Go
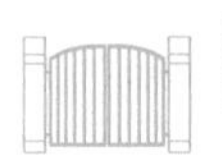 gを作り、aで口を開け、tで舌を弾く。	 gを作り、口をあまり開けずにirを作る。rは舌を巻く。舌を戻してlを作る。	 iは短母音。vは弱くなりがちだが、原音を入れる。	 Oはスモール O を作る。「オー」としない。短い単語だが語感を強く出す。

-ng

発音のポイント▶　－ngはnの原音とgの原音を入れる[*15]。鼻に抜ける音としない。音の強さを保ちつつ、2つの音をコンパクトにまとめる。

Sing	King	Swing	Long
 出だしのsの原音を鋭く出す。カタカナの「シ」にならないように注意する。	出だしのkの原音を入れる。口形移動を意識してn,gを作る。	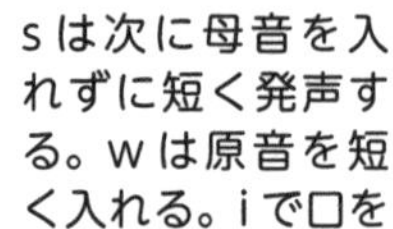 sは次に母音を入れずに短く発声する。wは原音を短く入れる。iで口を横に引かない。	lの口形を作り、口形移動してn, gを意識して作らないと音を呑み込む。「長い」という語感を出す。

-x

発音のポイント▶　-xが‘k-s’の音を担う。原音だけで鋭く、短くつなぐ。

Ax	Box	Six	Textbook
 縦開きから始め、語頭にアタックを入れる。音は‘æ’ではなく、カタカナの「ア」を強く入れる。	bを破裂させる。「ッ」を入れず、「ボクス」のイメージで発声する。	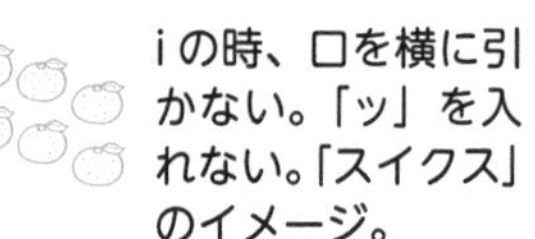 iの時、口を横に引かない。「ッ」を入れない。「スイクス」のイメージ。	 語頭のtの息で最後まで一息でつなげる。語尾に向けて音を下げる。e、ooは短母音。ooで「ッ」を入れない。

H

発音のポイント▶　出だしのhの原音を出して次の母音に移り、全体を語頭の息の勢いで発声する。脳裏にあるカタカナに引っ張られず、h-a、h-i、h-u、h-e、h-oを意識して作る。声は少し乗せる。

Hat	Head	Here	Horse
 aは短母音、あまり意識せず、普通に出る「ア」で良いが、ごく短く。tで舌を弾く。	eaは短母音。dはある程度の息量が必要。	 最初のeを確実に発声し、rは舌を巻く。「ア」音で代替しない。	 orは口を「O」の形にして発声し、rは舌を巻く。sは原音を短く入れる。

W

発音のポイント▶ w の原音を単語の中で再現するのは簡単ではない。まず、口内に十分な息を入れ、口の周囲を緊張させ、コンパクトに原音を作ることに集中する。その勢いで単語全体を作る。

Work	Window	Watch	Woman
or は口をあまり開けずに作る。口を「o」の形にしない。r は舌を巻く。k も息で舌を弾く。	d は音が弱くなりがち、意識して舌を弾く。語尾の w の音は「ウ」となる。(w 音ではない)	a は未来塾では o の音で作る。tch は舌を弾く。	o は短く u 音を作り、伸ばさない。m は短く原音を入れ、a は弱い「ア」で良い。n も音を入れる。

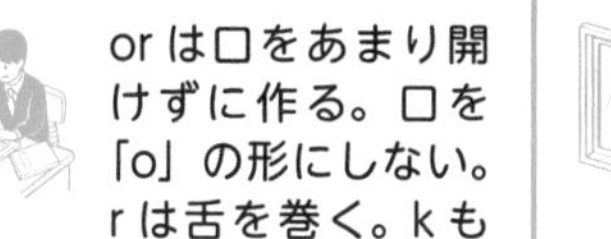

Wh-

発音のポイント▶ スペルは wh だが音は h-w、それぞれの原音を短く入れる*16。h に求められる多量の息を利用し、口の周囲に力を入れ w の原音を作る。この 'h-w' の音だけを反復して発声訓練するのも効果的。wh に続く母音の箇所で音が上がらないように注意する。

Whale	Whistle	What	Wheat
口を開けながら a をコンパクトに作り、l も舌を固定し、息で作る。	i で口を横に引かない。l も舌を固定し、息で作る。	音としては難しくないが、カタカナ音のイメージに影響されやすいので注意する。	ea で口を横に引かない。h 音の後、w 音をしっかり作り、次に 'ea-t' と作ると発声しやすい。

Qu-

発音のポイント▶ qu に込められている原音は 'k-w'。最初に k の原音を破裂させて作り、その息の勢いがあるうちに口を閉じていきを、w の原音を簡潔に作る。この k と w の間に母音を入れない。単語全体を一息で作り、音が上下したり、2 拍にならないように注意する。

Quiet	Question	Queen	Quarter
i で口を開き、e ー t と繋げる。	e を発声し、「シュン*17s-t-i-o-n」を続ける。(この時の i-o の母音はごく弱い曖昧な音)	語頭の原音のあと、ee で音を伸ばし、n で舌を弾く。	ar は「オー」を短く作った後、軽く舌を巻く。t で舌を弾き、e で音を伸ばし、r で舌を再度巻く。

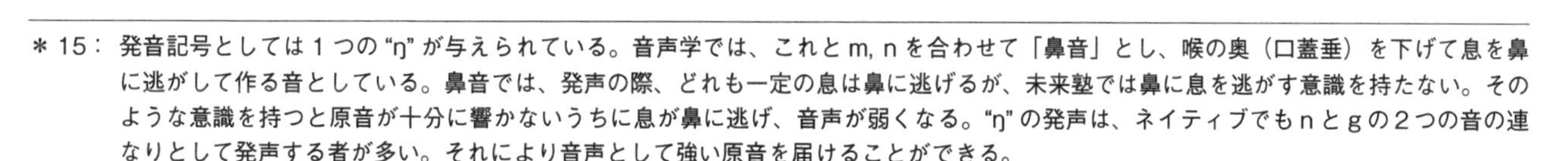

＊15： 発音記号としては 1 つの "ŋ" が与えられている。音声学では、これと m, n を合わせて「鼻音」とし、喉の奥（口蓋垂）を下げて息を鼻に逃がして作る音としている。鼻音では、発声の際、どれも一定の息は鼻に逃げるが、未来塾では鼻に息を逃がす意識を持たない。そのような意識を持つと原音が十分に響かないうちに息が鼻に逃げ、音声が弱くなる。"ŋ" の発声は、ネイティブでも n と g の 2 つの音の連なりとして発声する者が多い。それにより音声として強い原音を届けることができる。

＊16： Wh- 系の語は、古英語の時代（700 ～ 1150 年）では、発音通りに hw- から始まるスペルで書かれていた。その後、ノルマン人の征服（1066 年）を経て、中英語の時代（1150 ～ 1500 年）にフランス語の影響を受け、wh- と書かれるようになったが、音声は以前のまま残り、綴りとのねじれが生じ、現在に至る。映像の中では、中津は、WH の音声をこの説明のように H-W の順に発音せず、まとめて 1 つの音として発声している。この発声方法は、特に英国において多くの者が用いている。英国では、便宜的にこのための発音記号が使われることもある。英語学会の見解では、本書で説明している H-W を順番に別々に発声する方法のみが WH の発声として認知されている (Roach 2009)。未来塾でもこの方法を採用している。特に現在、世界的に語頭の「H」の発声が弱まる傾向にあるが、未来塾では明確に発声する訓練を行っている。しかしながら、WH をまとめて発声する方法が不適切という訳ではなく、中津の映像はこのように発声する者もいることを認識し、そのように発声された場合に聞き取るために利用されたい。

＊17： 「チュン」もあるが未来塾では「シュン」の発声で訓練する。

Th-

発音のポイント▶ 【無声音】舌を上前歯よりも前に出る位置で舌の力だけで押し当て、そこに息を強く当て、破裂させて発声する。舌の力が弱いと口形が作れず、十分な音声にならないが、強化してできるようにする。舌の他の位置、発声方法、音声で代替しない。

Thumb	Thread	Think	Thick
 全体的に口形移動しやすい音の構成なので、最初のthをゆとりをもって確実に作る。	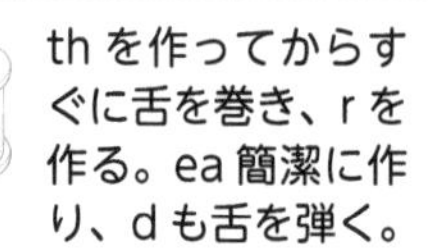 thを作ってからすぐに舌を巻き、rを作る。ea簡潔に作り、dも舌を弾く。	 iを口の中で作りがちだが、意識して舌を前方に出して作る。	thinkと同様に、iを口の前方で作る意識を持つ。

Th-

発音のポイント▶ 【有声音】発声のための口形は無声音のthと同じだが、有声音なので舌の前歯へのより強い押し付けと十分な息が求められる。声は最低限とし、あくまで摩擦音を主体に構成する。

This	That	These	Those
 iは短くとも強く作る。	thを作った後、きちんと口を開けてaを作る。	響きが近い音であるthとs(zの原音)が入っているので、口形を変えて音の違いを出す。	 左記と同様の注意に加え、oは「オー」ではなく、スモールoを作り、「オウ」と発声する。

Sh-

発音のポイント▶ 口形はメガフォン型。口の脇を締めて小さく破裂させる。訓練のために連続して発声することも*18 音を安定させるのに効果がある。無声音だが比較的発声し易い原音。

Shell	She	Ship	Shop
 sh+eは作りやすい。lは息を舌の脇を通らせる。	 カタカナ音の「シー」としない。メガフォン口形を作り、shを出す*19。	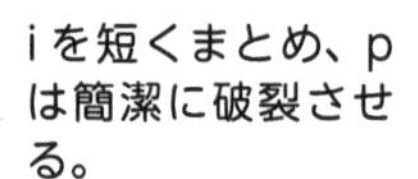 iを短くまとめ、pは簡潔に破裂させる。	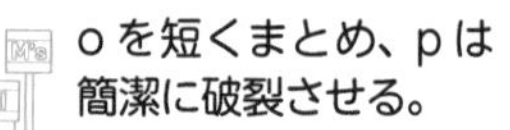 oを短くまとめ、pは簡潔に破裂させる。

＊18：「シュシュシュ…」と練習する。
＊19：他の単語を含め、人称代名詞は音としては短いので、正しく発音しないと聞き手が受け取れなくなる。

Ch-

発音のポイント▶ ch の原音は H のレターネームにある「チ」。舌を口蓋の前方に付け、弾いて発声する。

Child	Church	Chair	Cheese
 i で口を開き、舌を上前歯歯茎に付けて l を作る。そのまま舌を弾き d を作る	u はあまり口を開けずに発声し、r も舌巻いて作る。最後に再び簡潔に ch を作る。	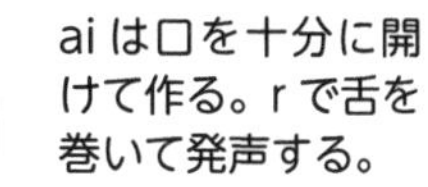 ai は口を十分に開けて作る。r で舌を巻いて発声する。	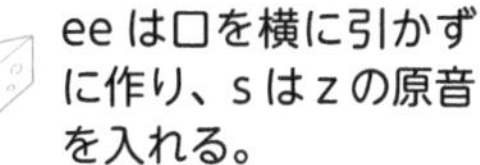 ee は口を横に引かずに作り、s は z の原音を入れる。

J

発音のポイント▶ j の原音を語頭に入れる。いずれも語頭にメガフォンを作る。発声の傾向として j のあとの母音が強くなり、音が上がり易いので注意する。

Just	Japan	Jet	July
 メガフォン口形を作り J を発声し、u は「ア」、そして s、t の原音を入れる。	アクセントは pa にあるが、音を上げず、ストレスで作る。語頭の J にもストレスを置く。	e は短母音。音は自然に詰まって日本語の促音気味になるが「ツ」を入れないように注意。	アクセントは ly にあるが、l にストレスをかける。この時、音を上げない。語頭の j も強く発声する。

Y

発音のポイント▶ Y の音には、語感を出すために u のレターネームの口を絞って作る原音「ユ」音を入れる。Y 系の音声をカタカナの「ヤ」「ユ」「ヨ」で代替しない。

Young	Yes	Yacht	You
 ou は「ア」音、ng は n、g の原音を入れる。	 y に u の原音を入れる。そうしないと肯定の語感が出ない。単語全体を簡潔に作る。	a は「オ」音を用いる。a は短母音で発声する。t で舌を弾く。日本語の「ッ」を言わない。	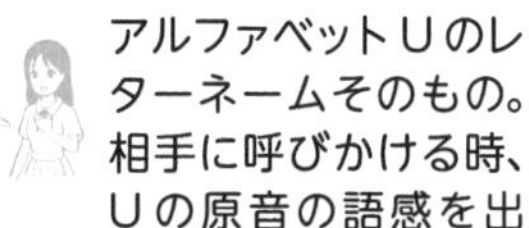 アルファベット U のレターネームそのもの。相手に呼びかける時、U の原音の語感を出す。ou で口を絞る。

補足

中津先生は映像の中で、母音を「短母音」と「長母音」に分けて説明しています。この「長母音」の中に、音声学上の「二重母音」と「長母音」を含めています。ごく簡単に言うと「短母音」とそれ以外という感覚です。2つの発声の大きな違いは息の使い方です。短母音では、例えばPen、Pigのような単語の場合、語頭の子音のアタックのあと、直ちに次の短母音に強い瞬間的な呼気を入れ、それに僅かの声（小さな「ェ」「ィ」）を乗せます。二重母音では、例えばMake、Moonのような単語の場合、語頭の子音にアタックを入れ、それに続けて重なる母音、あるいは伸ばす母音を繋げます。ほんのわずかなことですが、短母音より少し音声の余裕があります。

二重母音と長母音は音声学上では分けられていますが、実際に英語を話す時は、特に意識して区別する必要はありません。なお、二重子音の場合、2つ（あるいは3つ）の異なる母音が続いているのではなく、2つの母音の固まり（例えば「ァィ」「ェィ」）を一団の音声として発声する方が英語のリズムが整います。

17 単語仕上げ

(1) 単語回し

やったー、単語が終わった！後は他の単語もこうして発声すれば良いのでしょう？次は文章ですか？

すぐに行きたいのでしょうけど、アルファベットから単語に移るときと同じように、すぐに文章に入ると日本語のリズムが顔を出します。そうならないように、ここでも日本語のリズムを断ち切り、英語のリズムの基本を作る訓練をします。１つが、**単語回し**、もう１つが、**単語４語連結**です。『**単語回し**』とは、今訓練をしたＰから始まる108個の単語を各自が１つずつ発声し、隣にいる訓練生が次の単語を発声し、最後のＹまで、続けて発声します。

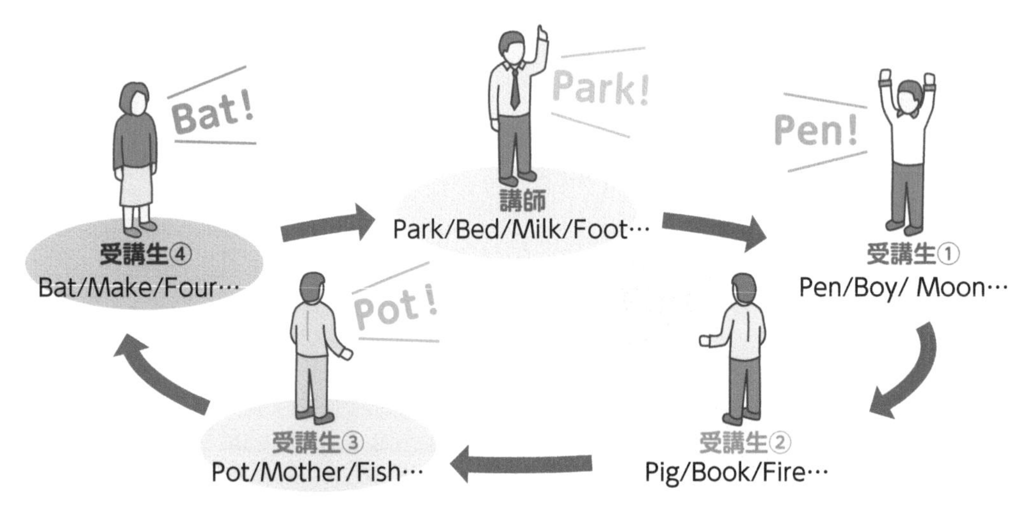

単語を発声する順番に意味があるのですか。

前半は破裂音中心に発声し易く、リズムを作りやすい音が並んでいます。後半は個々の音も難しく、それを単語として同じリズムで発声するには口形、呼吸、発声のタイミングを押さえないといけない語が並んでいます。ポイントは、

① それぞれの単語を同じリズムで発声すること（字数が多い単語はコンパクトに発声する、短い単語は自然に発声する）

② 各自の発声の間に長い間合いを置かず、一定のリズムで回す。

最初は増幅音気味で発声します。音声が安定してきたらスピーチ音に移ってゆきます。機械的に単語発声を繋げてゆくことで、日本語リズムを避け、英語リズムの基礎を作ってゆきます。やり方はアルファベット回しと同じです。こちらは単語表を見ながら行いますが、他者の発言を耳で追うこと、息を吸って待つことは同じです。

【同じ長さで発声するイメージ】

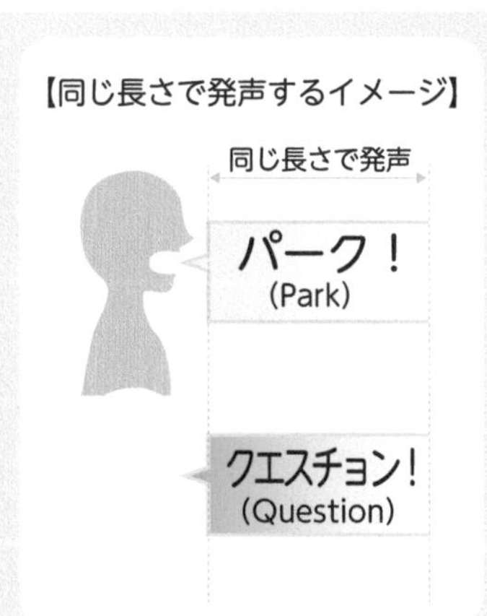

(2) 単語４語連結

次は単語４語連結です。単語表にある順に、
Park-Pen-Pig-Pot　Bat-Bed-Boy-Book　Mother-Make-Milk-Moon …
と続けて発声します。これは単語回しの一部を１人でやるということです。口形移動と息の制御の技術を上げつつ、自分の中に英語を話す基本のリズムを作ってゆきます。

【図①】

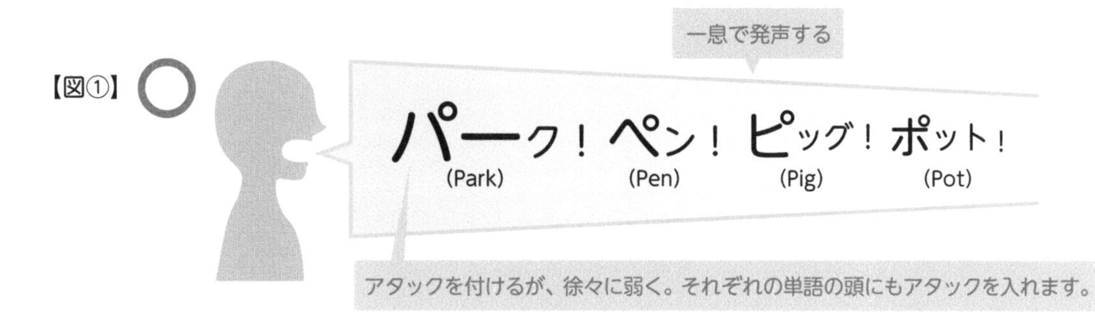

【図②】

アルファベットごとに息を切らさない
パーク！ ペン！ ピッグ！ ポット！
(Park) (Pen) (Pig) (Pot)
アタックのない平坦な発声にしない

発声のイメージをイラストにすると図①のようになります。単語Parkをアタックを付けて発声し、その息があるうちにPen、未だあるうちにPig、同じようにPotとつなげます。アタックは、最初の単語が最も強く、段々弱くなりますが、続く単語にも付けます。そして、全体としても１つの単語のように語頭にアタックがつき、末尾に向けて音声が下がります。
図②のように単語ごとに音声、息が切れてしまうと、アタックがなく全体として平坦な発声になり、英語のリズム作りの目的が達成されません。
この訓練を円滑に行うコツは２つあります。１つは、**息を十分に吸っておき、最初の単語にアタックをつけ、その勢いで一気に最後まで行くこと**です。２番目以降のアルファベットのために息を温存すると、息が不安定になり、無駄遣いする、音声が上下する、リズムが乱れる等の副作用が出ます。
もう１つは、**意識して素早く、大きく口形移動を行うこと**です。単語は４つですが、いわば「Parkpenpigpot」という１つの単語のように切れ目なく口形移動を進め、P-a-r-k-P-e-n-P-i-g-P-o-tの下線部の口形移動が途切れないように特に意識して行うことです。アルファベット５音連結よりも音が多く、口形移動の箇所も多いので大変ですが、要領は同じです。音声が安定してくると、ゆっくり安定させて発声する訓練も効果的です。

実咲と正太の Take a Break!

単語編

アルファベットは何とかできたけど単語は大変です。どれも短いのにうまく口形移動ができないわ。音もカタカナ音が多いし、発声もずれてしまう。

僕もそうですよ。思ったよりも音がキレていないし、やるたびにばらついてしまいます。

それでも自分の録音を聞いていると、どこが悪いか分かるようになって来ました。自分の声を聞くことにも抵抗がなくなってきました。じっくりやってみますね。

僕はもう一度基本運動をやってみます。始めからできたので、少しサボっていました。

二人とも最初の壁にぶつかっていますね。実咲さんは自信をなくしているところもあるけど、日本語での発声が身体に染みついているので最初はできなくて当たり前です。何ができて何ができていないのか、コメントと録音を参考にして丁寧に見取ることです。正太君は若いけど、口形の周りは鍛えないといけません。それに気付いたのは良かったですね。じっくりやることです。

18 スピーチについて

(1) スピーチとは何か

※ここから中津先生が語ることの骨子は86ページに表で示しています。
ここまでで未来塾の音作りの基礎が終了しました。ここから「音声表現／スピーチ」の訓練に入ります。始めに歌詞を題材にした短文で訓練し、その後、長い文章で行います。
スピーチとは、正確かつ効果的な言葉でこちらの意思、主張を相手に伝えるものです。会話とは音声も内容も異なります。欧米では、スピーチが生活、教育、ビジネスに組み込まれ、コミュニケーションのかなりの部分を占めます。スピーチは多種多様なものであり、年齢、性別、機会、場所に関わらず、スピーチが求められます。欧米の若者たちは、小学校から大学まで様々な題材を基にしてスピーチ訓練を受けます。社会に出ればスピーチ文化に晒されます。挨拶、紹介、推薦(自己、他者)、売り込み、質問などがスピーチとして求められます。その最たるものが米国大統領候補の選挙演説です。しかし、目的は1つ、こちらの主張を確実に伝えること、そして相手の理解、納得、あるいは賛同を得ることです。

スピーチというと、結婚式の固い挨拶が思い浮かびます。いつも、早く終われ！って思います。

朝礼、あるいは大きな式での校長先生の挨拶かな。
内容なんてどうでも良いことばかりです。

そのイメージは捨ててください。日本人はスピーチの本質を理解し、スピーチの音声を習得しなくてはなりません。スピーチは、会話に用いる崩した音声で行ってはいけません。「崩す」とは、アタックがなく、原音の角が取れた緩い音で話すことです。主張する意思を確実に届けるために、アルファベットと単語の訓練で培ってきた、正確で、強く、明確な音声で伝えます。スピーチの内容によっては柔らかく、穏やかに伝えるものもあるでしょう。しかしそれは崩すのではなく、緩急を付け、計算して音声を作り上げるものです。
スピーチに象徴される欧米の国語教育は、技術と表現を合わせて「art」と呼んでいます。スピーチにおける「技術」と「表現」は、本来は分けられないものですが、未来塾では訓練のために途中まで分けて取り組みます。音声編では、スピーチに相応しい音声を習得してください。

「芸術」ですか？

残念ながら日本語には良い訳語がありません。「言語技術」と訳されることもあるけど、技能と表現力が合わさったようなものです。未来塾の訓練は、ここからその段階に入ります。

(2) スピーチの条件

最初に、スピーチを行うときの条件を説明します。これは訓練のときだけでなく、あらゆる場面でスピーチを行うときの基本的な条件です。
１つ目は、スピーチとは、相手がいて音声が相手に届き、受け取ってくれて初めて成り立つものです。声が小さくて相手に届かなければ、そもそもスピーチとして成り立ちません。でも、これは日本人が英語を話すとき、ときどき起こります。特に、女性では話し声全般が小さい人がいます。男性でも緊張などにより、声が小さくなって届かなくなることがあります。２つ目は、公式な会議等を除き、多くの場合、聞き手は話されることの資料を手元に持っていません。この場合、聞いたことを確かめることができません。

僕は声が大きくて、話していると、ときどき「うるさい」って言われます。

男性の場合、大きな声で話すことが習慣になっている人、大きな声を出そうとして怒鳴り声になる人がいます。スピーチとして相手に不快感を与えることがあるので気を付けましょう。
スピーチの基本は「誰かの真似をせず、自分の英語を作ること」です。スピーチするにあたり、最初は他者のスピーチを聞き、参考にし、発声の技術を学ぶことは良いことです。でも、他者のスピーチを意識し過ぎると、それを真似ようとする気持ちが出てきてしまいます。

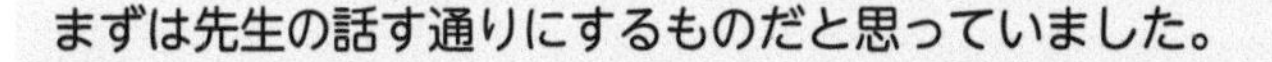

まずは先生の話す通りにするものだと思っていました。

かつて、私もそう思っていました。私も自分が英語を習ったとき、最初は先生の発音をそのまま真似ようとしていました。先生の声や唇にばかり気をとられ、自分の動作を先生の方向に向ける事にばかりに懸命でした。私は、自分本来の声や、舌の動き、唇の動き方に関しては無神経でした。さんざん苦労した後、先生に「あなたは私の真似をするから英語ができないのだ」と言われ、「ああ、私にも私の声があったんだわ」と初めて気づき、自分自身を研究し始めたときから学びがどんどん進んでいきました。誰かの真似では自分自身の音声を見つけられませんし、自分の音声でなければ磨くこともできません。皆さんも同じです。長い文章を届けるときは、自分の身体、発声、息遣い、そして口形移動が作る、自分自身の音声でないとできません。ここからの訓練では、各自の身体条件、心の状態が声に出ます。人真似ではなく、どうすれば自分の音声の響きが良くなるか、発声が楽になるか、確実に届くかを考え、やってみれば良いのです。他人の動作を見るときは、真似るのではなく、口形、息遣いを分析し、どうすればそのような音声になるか、自分とどう違うかを考えてみましょう。

先生も他人の真似をしていたときがあったのですね。

そうです。しかし、結局、人真似では自分の主張を届ける、自分が意図するスピーチになりません。

(3) スピーチのための技術

スピーチの「技術」では２つのことを習得します。１つ目は、アルファベットと単語で習得した基本的な技術をスピーチにおいても発揮できるようにすること。２つ目は、単語が集まった文を話すときに必要な技術を身に付けることです。

１つ目の、**基本的な技術は「原音」、「母子分離」、「アタック」の３つのこと**であり、これを**「口形移動」**と**「呼吸」**で作ってゆきます。単語では数個の原音の固まりだったものが、文ではその何倍にもなります。取り組む文を短いものから長いものにしながら、これらの基本ができるよう練習を繰り返してください。

この３つをやれば良いのでしょ？

そうです。でも、文が長くなると、訓練の最初のうちは、その３つをほとんど忘れてしまい、「自己流」、「カタカナ音」が現れてくる傾向があります。

２つ目の、**文として必要な技術**はさらに３つに分かれます。
最初は文の音調です。１つの文は、文頭にストレスをかけ、文中の音は波打つことなく平坦に作り、文末にかけて下げます。これは、皆さんが既に訓練した、アルファベットで音を下げること、単語で音を下げることと同じです。この調子が、「これはこうです」「私はこう思います」という主張のための言い切る口調であり、英文を話す基本のリズムとなります。平坦に作ることは、アルファベット５音連結、単語４個連結訓練でやりました。これらは、原音の連続でも確実に口形移動を行うこと、そしてその時に音声を上下させたり、ポーズを置いたりせず平坦な音声を作ることの訓練でした。文でもそれが基本となります。

あの訓練は単調でつまらなかったけど、そんな目的があったのですね。

そうです。あの訓練は、スピーチ訓練に入ってからも、ときどきやると効果があります。
２つ目は、**スピーチのための音声の習得**です。音声は、ここまで増幅法で発声していましたが、これは、英語の発声にまだ不慣れで、音声が安定しない段階の訓練用の音声です。ここから、スピーチで使われる音声にしてゆきます。未来塾では「スピーチ音」と呼んでいます。これは、公式な会議、発表、複数対複数の商談などで用いられる、主張を確実に伝える音声です。規定量の息により、キレと強さのある音声を届けます。初めは、徐々に増幅音を削りながら、一つ一つの音声をしっかり届けられているか、確かめながら作りましょう。なお、増幅音も、スピーチにおける大事な場面で使うことがあります。

(4) 話す速度

３つ目は、スピーチを届けるときの**話す速度**です。何よりも、ゆっくり話すことを心がけてください。最初のうちは、個々の原音を長い文の中で連続して作ることは容易ではありません。自分ができる速度でゆっくり作れば良いのです。スピーチに自信がないとき、話し手は早く終わらせたくなり、話す速度が速くなりがちです。また、原稿に集中し過ぎると、読み口調となり、速くなることがあります。また、日本人の中には「速い英語は良い英語」と思っている人もいますが、速く話しても、相手にきちんと届いていなければ何の意味もありません。スピーチの経験が少ない人は、まず、ゆっくり話すことを強く意識することです。口形移動を大きな動作で行う、息継ぎをしっかり行う、聞き手を見る――こういったことも「スピーチの暴走」を防いでくれます。

話すのがあまり遅いと不自然ではないですか？

速いスピーチと丁度良いスピーチの時間の差は僅かです。「ゆっくり話そう」と思うと、少し遅くなります。しかし、それだけで音声が確実に届き、とても聞きやすくなります。

(5) 基本リズム

ここからは、英文の基本となるリズム作りを説明します。ポイントは２つです、１つは**「強勢拍リズム」**、もう１つは**「息継ぎ」**です。
「強勢拍リズム stress-timed rhythm」とは初めて聞く言葉かもしれませんが、英語のリズムの基本の一つです。これを体感するために、最初にマザーグースより”Solomon Grundy”を題材として訓練します。
英語では、意思を届ける大切な単語、例えば主語、述語、目的語などには強く音を入れます。そして、それ以外のこれらの語句を支える語句は短く、弱く、たたみこむように発声します。そして、同じような構造の文が続けば、構成する単語が多少増減しても同じリズムで届けます。最初は、短母音の処理と素早い口形移動ができず、リズムが不揃いになるけど、口形移動が正確かつ素早くできるようになれば、自ずと英語のリズムとなってきます。

“Solomon Grundy”は子ども英語教室で歌ったことがあります。
カンタンカンタン！

そうでしょうか？日本語にないリズムなので、最初は難しいですよ。それと歌うことと話すことは別のことです。
強勢拍リズムを作れないうちは、私が「単語ころがし」と名付けた現象が起こることがあります。これは、個々の単語を切り離し、一つずつ転がすように発音することです。単語を辞書で引くと発声記号が並び、アクセントの位置も決まっています。ここまで未来塾の訓練をしてきた人は、それらの音を原音として全て発声することができ、アクセントも入れることができます。それらの原音の発音は、先ほど述べたように主語、述語、目的語とそれ以外では変えます。さらに、個別の文章構成により、文全体のリズム、速度、抑揚と共に個々の音の発声も変化するものです。ところが、そうせずに全ての原音を同じように発声し、アクセントもどの単語にも同じような強さで入れると、まとまった１つの英語文として聞こえず、バラバラの単語の羅列にしか聞こえません。英語のリズムにならず、文意も分かりにくいものになります。

多くの人がそうなるのですか？

程度の差はあるけど、訓練の過程で多くの人に現れます。口形移動を意識し、短母音を上手にさばくことが「単語ころがし」を克服するコツです。

(6) 息継ぎ

次は「息継ぎ」です。短い文であれば、文頭から文末まで一息で届けることができますが、長い文だとそうはいかず、どこかで息継ぎをしないといけません。特にスピーチ音で届けるときは、一定の息量による強さが必要になります。よって、１つの文として**明確な音声を届けるためには予め息継ぎの位置を決めておく**と良いです。行き当たりばったりではいけません。息継ぎの場所を設定するとき、大切なことは、意味の固まりとなっている単語の一団は切らずにまとめて届けることです。「主語＋述語」、「形容詞＋名詞」、「助動詞＋動詞」などの基本的な組み合わせは絶対に切ってはいけません。その上で、息が続く範囲で、意味の固まりとなっている部分をひとまとめにして区切ります。息継ぎの位置は、１つの文の中で固定的に決まるものではありません。スピーチ音は、会話音に比べ数倍の息を使います。スピーチ訓練を始めて間もない頃は、長い文をスピーチ音で届けるのは難しいでしょう。まず、今の自分ができる息継ぎの位置を決めます。そして、訓練が進み、息遣いが上手になり、口形移動が円滑になると、息を無駄遣いしなくなるので、長い区切り、固まりを話せるようになります。息継ぎの位置も変わってきます。

息を切る長さはあるのですか。

聞き手は、話し手の息の切り方で、文が続くのか、終わったのかを判断します。なので、文中の息継ぎはごく短い時間で行います。その時、音を下げると相手に「これで文が終わり」という合図を送ることになるので、途中で音を下げてはいけません。

息継ぎに関して、日本人として特に意識して欲しいのは、冠詞と名詞を一息で発声することです。冠詞とは文字通り名詞にかぶせられる「冠(かんむり)」なので、冠詞と名詞の間にポーズを置いてはいけません。スピーチ訓練を始めたばかりのころは、綴りを見ると離れているので、見たまま離して発声してしまう傾向があります。もう１つの原因は、冠詞の短母音の発声ができず、結果として離れてしまうことです。私はこの現象を「宙づり冠詞」と呼んでいます。a、theなどが名詞から離れ、あたかも宙づりになったようになり、聞き手にとって不快に響きます。短母音を意識し、冠詞と名詞をひとまとめにして届けてください。

やってみますね、"a man"。

それでは冠詞の"a"がカタカナ音になり長すぎます。お腹から出る息を瞬間的にぶつけて「ァ」と作ってください。それに間髪を入れずに"man"を続けます。"man"の"a"も短く作ります。

もう１つ、息継ぎに関して気を付けなくてはいけないことは、書かれた文章をもとにスピーチするとき、改行の位置で息を切らないことです。紙面に書かれたとき、長い文はどこかで改行しなくてはなりませんが、それが音声の切れ目、意味の切れ目とは限りません。これから取り組む「歌詞」でも、文章の体裁として複数の文に分かれているけど、意味としては一つながりのものがあります。そのような文は、息を切らずに一つながりの文として発声してください。そうしないと、最悪の場合、聞き手が意味を取れない、あるいは違う意味で受け取る可能性があります。

こんな感じですか、
Don't imagine you are too familiar
And I don't see you any more

その発声では意味が変わってしまいます。
Don't imagineで一息おき、you are too familiar and I don't see you any moreとまとめて発声する方が良いです。
歌詞を題材にするときでも、歌う必要はないので意味が伝わりやすいように届ければ良いです。

(7) 表現　―「自分」を出して、思いを込めて伝える―

ここからは「表現」の説明に入ります。ポイントは2つです。1つは、「自分」を出して、思いを込めて伝えること。もう1つは、表現に係る技法を習得することです。
「自分を出す」とは、自分が感じたことを素直に言葉に乗せて伝えることです。スピーチの主人公はあなたであり、あなたから見た世界を届けるということです。
英語が話される国では、小さなころから「自分」を意識させられます。親は、まだ言葉をしゃべれない幼児に向かって、「あなたは何を食べるの？」「あなたは何を選ぶの？」と聞きます。なので、小さなうちから「自分」つまり「I」が存在しています。英語は「I」の世界を描くようになっています。自分のことを言うときには「I」から始めます。周囲を見渡すと「I」から見る「You」「He」「She」「They」がいます。「I」が含まれているのが「We」です。「I」がいるのが「Here」であり、「I」から離れているのが「There」です。ところが、未来塾で訓練を始めたばかりの人たちが発する「I」は弱く、あやふやです。日本人は、小さなころから、自分を出すよりも隠すことを躾けられます。それらの条件により、とても短い音声「アイ」ですが、日本人にとっては難しい単語です。未来塾が目指すのは、「これが私です」という自分の存在と、「私はこう思う」という自分の主張を、強くて明確な「I」の音に込めることです。誰かの意見を借りるのではなく、一般論を語るのでもなく、自分が感じたこと、思うことを素直に披露するための「I」を届けてください。

やってみます。「I say to you…」

その「I」では実咲さんが見えません。技術的には二重母音を息を入れ、アタックを付けて届けることです。それと共に「誰が何と言おうと『私』はこう思う」という意思を届けてください。
他者が作った文章を届けるときも、それを理解、解釈し、「I」に自分を乗せて届けます。自分が感じたこと、考えたこと、主張したいことを素直に言葉に乗せて届けてください。楽しいことは楽しく、悲しいことは悲しいという喜怒哀楽の情感をはっきりと届けましょう。

そんなの簡単です。いつもやってますけど。

そうでもありませんよ。日本人の場合、これができず、私が「限りなく葬式トーン」と呼ぶ響きになりがちです。多くの日本人は、長い文章を話すと、次第に音声に抑揚がなくなり、あるいは無意味な音の上げ下げが起こり、響きも暗くなり、あたかも葬式での挨拶のようになることがあります。これはスピーチ訓練を始めた初期ではなく、ある程度進んだ段階で出てくる現象です。おそらく、感情を反映することなく進めた学校での国語、英語の朗読、また、社会人になってからの感情を表さない発表、説明、スピーチなどを無意識に再現しているのでしょう。「葬式トーン」では聞いている方が不快になり、聞くのが嫌になってきます。これを変えるには、自分のスピーチがそのような調子に陥っていることを意識した上で気持をこめて届けること。技術的には、息と声を前に出すことを意識して文頭へのアタックと強勢拍リズムを作ることです。

(8) 表現に係る基本技法を習得する

次に、表現における技法を説明します。まず、相手を飽きさせないために、音声の変化を作ることが必要です。ネイティブは一本調子で続くものを聞くことが苦手で、飽きてしまい、集中力が落ちてきます。日本人は、意識しないと同じ調子になりがちです。いわば、音声の「金太郎飴」となり、どこを切っても同じようになります。
「音声の変化」のために行うことはそれほど多くはありません。音声を上げるか下げるか、話す速度を速くするか遅くするか、息継ぎの間を短くするか長くするか、声を大きくするか小さくするか、といったことです。でも、これらのことを実際の単語、文と組み合わせると、変化はいくらでも作ることができます。原稿の棒読みではなく、随所にこれらの変化を散りばめて、相手の興味をかき立ててください。

さっき、先生は、文は平坦に発声しなさいと言いましたけど？

基本は、まず平坦に作り、そして強勢拍リズムを乗せることです。その上で強調したいところを変化させてください。「変化」には「意味」が込められています。「変化」があれば、聞き手が「意味」を受け取ってくれます。意味のない変化は聞き手を混乱させることになります。

こんな感じですか、“We all want to help one another.”

そうです、“We all”がひとかたまりでゆっくり強く発声され、正太君の「僕らすべての者は」との思いが伝わって来ました。
次に、相手にその１語が届かないと文全体の意味が取れなくなる、あるいは誤解を生む単語をしっかり届けることを意識してください。日本人の傾向として、人称代名詞と固有名詞の発声が弱くなりがちです。前者は先ほど伝えた「Ｉ」に始まり、「You」「He」「She」といった単語です。人称代名詞が届かないと文意が伝わらなくなります。
後者は、全ての固有名詞が大切ですが、特に地名、人名に注意しましょう。日本人が、外国の人、場所などを発声するときは、音の並びに不慣れで、口形移動が不十分となり音声が不明瞭になりがちです。また、日本人が日本の場所を紹介するときは、カタカナ音になりがちです。外国人にとり聞きなれない音の組み合わせが多いので、原音を入れ、ゆっくり、強く発声するとよいでしょう。
これと同じ観点から気を付けてほしいのが、技術用語・専門用語です（technical terms）。講演、商談等で用いられることが多い用語です。聞き手がその用語に不慣れだと思われる用語、新しい用語、また、聞き間違いが生じるとこちらの意図が誤解される恐れがある用語については、ゆっくり、強調して伝えましょう。

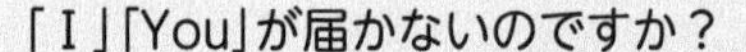

「Ｉ」「You」が届かないのですか？

そうです。日本人は音を明確に入れて届けようとしないので、相手に届いていないことが多いです。
次に、スピーチを届けるとき、心地良く響き、印象にも残りやすい、単語の音に関する技法があります。そのような技法がスピーチ稿に含まれているときは、その効果を発揮できるように意識して発声し、スピーチを届けましょう。(コラム参照)
ここでは、幾つかの代表的なものを紹介します。これは、この後、実際にこのテキストで取り組む歌詞、スピーチ題材にも含まれています。なお、これらの技法は、正式なスピーチだけでなく、普段の会話で用いてもリズムを生み、印象を強める効果があります。

Column

単語の音に関する技法

1. 頭韻【alliteration】(以下、Gambrell 2013 、他)

語頭が同じ子音の単語を続け、たたみかけるように発声するものです。
Don't give yourself to these unnatural men - machine men with machine minds and machine hearts. (Charles Chaplin, 「The Graeat Dictator」)

2. 母音韻【assonance】

日本語では、母音の響きが同じ単語を揃えることを広く「押韻」と読んでいますが、英語では文中と文尾に使われる場合を区別します。これは文中の単語の母音の響きを揃えるものです。
Although a tear may be ever so near, … (「Smile」)

3. 脚韻【end rhyme】

Solomon Grundyが好例です。文尾の母音の並びを揃えます。日本人が一般に「韻」であると意識するものです。

4. 首句反復【anaphora】

文頭に同じ単語、あるいは同じ句が置かれた文を重ねて用いるものです。自分が主張したいことを単語、句にこめて届けることで、リズムを生みつつ相手に強い印象を与えます。
Sing
Sing a song
Sing out loud
Sing out strong
Sing of good things not bad
Sing of happy not sad
…(The Carpenters, 「Sing」)

5. 単語の反復

技法としては名付けられてはいませんが、文頭でなくとも、同じ単語、句を反復することは、スピーチで広く用いられる技法です。リズム作り、印象作りに有効な技法です。但し、文脈によっては、同じ調子で繰り返すと単調になることがあります。場面によっては「変化」も意識してください。
With this faith, we will be able to work together, to pray together, to struggle together, to go to jail together, to stand up for freedom together, knowing that we will be free one day.
(Martin L. King, Jr., 「I have a dream」)

スピーチの基本的な説明はここまでです。この後、最初に“Solomon Grundy”に取り組みます。次に、文章量の少ない「歌詞」を使って訓練を行います。その後、長い題材を使い、スピーチの訓練をします。
歌詞に関しては、その歌詞の背景を簡単に説明します。二人がやらなくてはいけないことは、意味が分からない単語があれば調べ、文意を正しく理解すること。内容に関することも調べると良いでしょう。
長いスピーチの題材は2つあり、1つはCharles Chaplinが映画の中で行った演説文を使います。これは、作文の基本的な規則に従って良くできています。段落ごとに主な発声のポイントを説明します。もう1つは、Martin Luther King Jr.牧師の演説です。歴史に残る名演説ですが、型にはまるものではないので、発声に関する解説はつけません。皆さん一人ひとりが文章を解釈し、内容を調べ、自分が共感する箇所をおさえ、これまで学んだことを反映してスピーチとして届けてください。

Point

ここまで説明した事項を以下にまとめてみました。「技術」については、既に学んだ技術を文章においても発揮するということです。「表現」については、「自分」を出すこと、基本技法を理解し実際に使う、もしくは留意して話すことです。まずは挑戦してみましょう。

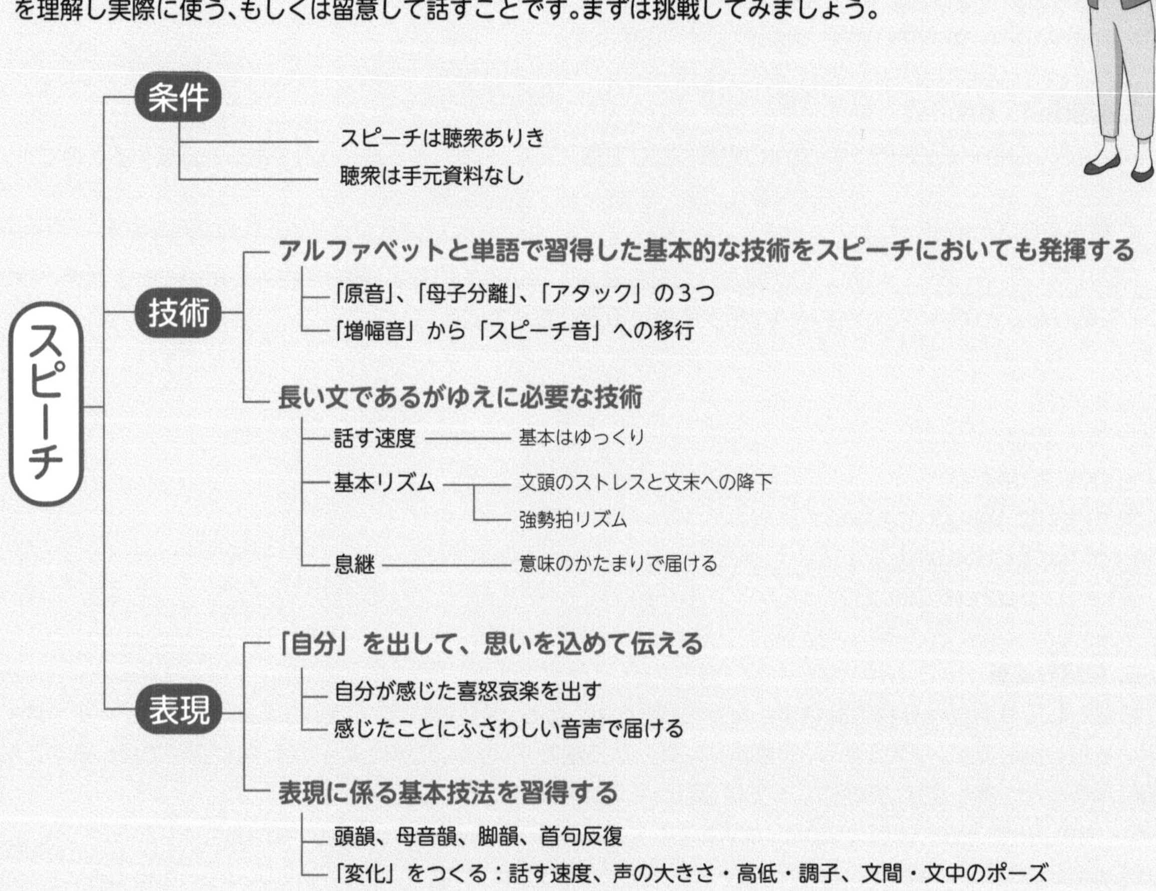

19 リズム

ここまで「スピーチとは何か」という説明をしました。この後、有名な歌詞、そして他者が行ったスピーチを使ってスピーチ訓練に入ります。最初に、とても短いものですが、英語の発声、リズムのエッセンスがギュッと詰まった短い歌詞に取り組みます。
題材は「Solomon Grundy ソロモン・グランディ」です。

Solomon Grundy

Solomon Grundy
Born on a Monday
Christened [*1] on Tuesday
Married on Wednesday
Took ill on Thursday
Worse on Friday
Died on Saturday
Buried on Sunday
This is the end
Of Solomon Grundy

この歌、聞いたことがあります。

そうでしょう。これは英国の古いわらべ歌集である「マザーグース」から選んだものです。歌の登場人物の名から「ソロモン・グランディ」と呼ばれ、英米を中心とする英語圏で親しまれてきたものです。
訓練の目的は、1行ごとの英文が持つリズムを基とし、一つ一つの単語の語感を表現し、全体として統一感のある軽やかなリズムを作ることです。

＊1：未来塾では、この訓練において“christened”の“t”を発声する。現在の英語ではこの“t”は発声しないが、古英語においては発声していたと推測されること（綴りが残っているので）、発声してもネイティブは理解できること、この“t”がある方が英語のリズムを作りやすいこと、などの理由により訓練では発声している。

発声のポイントは次の３つです。

1）各文章の２ヶ所に強勢を置き、リズムを作ります。文頭の子音（赤字）にイメージとして100%、次の子音（青字）に80%の強勢を置きます。文末にかけて音声を下げます。このとき、各文の強勢箇所の間の発声の長さを同じにし、全体のリズムを一定にします。

2）音を連結するとき、これまでの単純な「音＋音」式の数珠つなぎのような連結から、「折りたたみ連結」に移行します。「折りたたみ連結」とは、音と音の間を空けない音声連結の方法です。呼吸をコントロールしつつ、唇と舌を意識して口形移動させる動作が必要となります。そのようにして全ての子音を入れます。

3）短母音の発声に注意し、コンパクトに作ります。この文章では、特に前置詞の処理が大切です。短母音を上手にさばかないと英語のリズムが生まれません。

これらをイメージにすると以下のようになります。

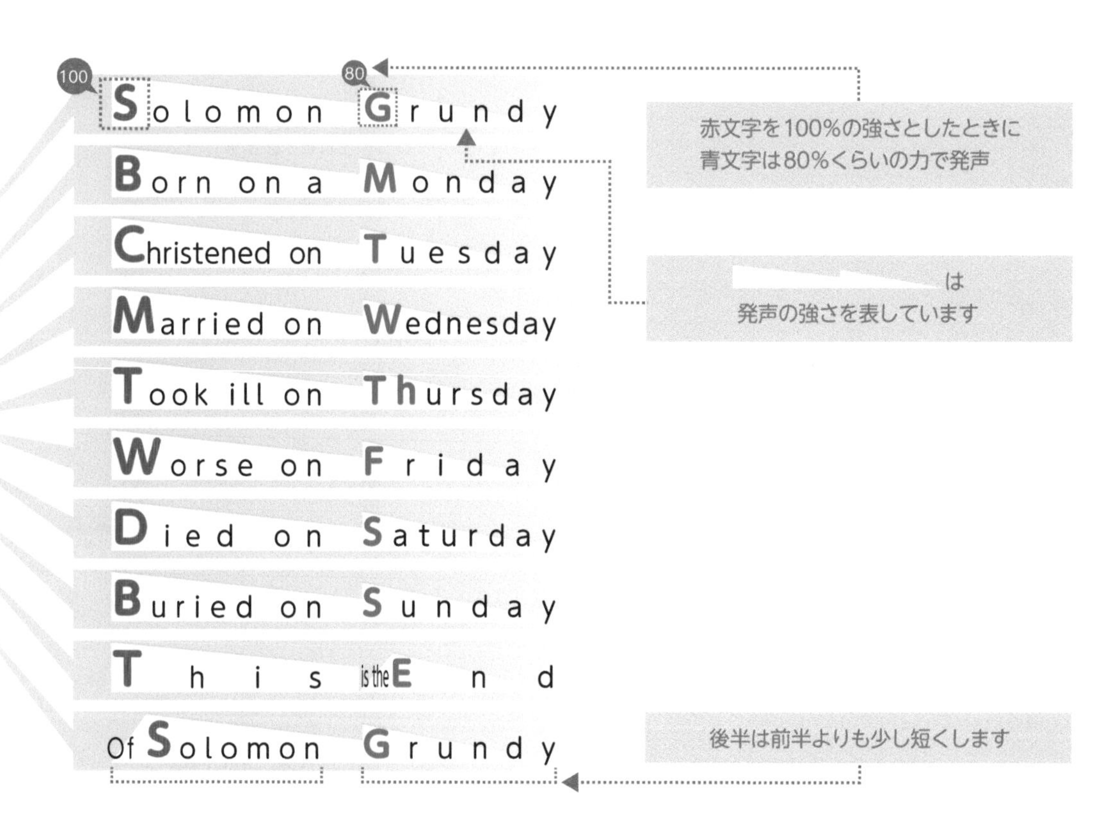

日本人にとって難しいのが、前半、後半の発声の長さを全体として揃えることです。日本人はどうしても文字を見て発声するので、その長さに引きずられがちです。加えて、今の段階では素早い口形移動ができず、短母音の処理も慣れていないので、短い時間内に全ての子音をコンパクトに入れてゆくことが難しいでしょう。

強勢拍によるリズム作りは英語リズムの基本です。今、ここでは上手にできなくとも、今後、文章の発声訓練では常に意識してください。

Column

強勢拍リズムについて

これは音声学では「強勢拍リズム」と呼ばれるものです。1つの文強勢から次の文強勢までの発声の時間が、間にある弱音節の数に関わらず、ほぼ一定であるという英語の発声上の特徴を指します。よって、さきほどのSolomon Grundyでいえば、文章の赤字と青字で挟まれる音節の長さ、数、アルファベットの数が文ごとに変わっても、文全体の発声時間はほぼ同じとなります。なお、実際には時間を計って発声する訳ではないので、発声の長さとリズムを一定にする意識をもって発声し、リズムが保たれていれば良いです。
具体的には、文章の基本形は以下となります。

S－V	S－V－O	S－V－C

基本的にはこれらS、V、Oを構成する主たる単語が強勢で発声されます。これら、S、V、Oを修飾する語、補う語が増えても、基本文とほぼ同じリズムで発声されます。
上記の「Solomon Grundy」の場合、最初の文がリズムを作った後、2つめ以降の分の主たる語は「V／動詞」および「曜日／副詞」です。最初の文、Solomon GrandyのSとGの間隔に合わせて続く各文の動詞の語頭と曜日の語頭の間隔を合わせてゆきます。
強勢拍リズムを構成するために、強調されない助動詞、形容詞、副詞等はコンパクトに発声します。

これは英語発声のリズムにおける重要な特徴ですが、日本人が英語を話すときの最大の困難点の一つです。日本人の場合、以下のような状況となる場合が多いです。

ⅰ)口形移動と呼吸がうまく処理できず、同じ時間に収まるべき音節が収まらず、文ごとに長短が生じてしまう
ⅱ)文字を目で追ってしまい、綴りに引きずられて長い単語・文は長く発声し、短いものは短く発声してしまう。
ⅲ)強勢アクセントのところにアクセントをおけない。文全体が平坦なリズムとなってしまう。

文のリズムは個々の単語リズムの合成なので、単語の処理がうまくできないと、文全体のリズムを作ることができません。
ここで思い出して欲しいのは、基本的な技術(口形移動、呼吸)、そしてアルファベット、単語訓練の後にやった以下の訓練です。

① アルファベット回し(57ページ参照)　② アルファベット5音連結(58ページ参照)
③ 単語回し(74ページ参照)　④ 単語4語連結(75ページ参照)

今回の訓練テーマは、未来塾の発声原則(原音、母子分離、アタック)を表しながら、アルファベット、単語を決められたタイミングで発声することです。これらの訓練で培った技法を使えば、文を構成する単語の間に長いポーズを置かず、文全体を簡潔に発声することができます。これを基とし、強調するところにストレスをかけつつ、文頭にアタックを置き、文末に向けて音を下げてゆけば、英語文の基本リズムを作ることができます。

では、やってみます。
Solomon Grundy

最初のSを特に強くし、L、Mも強く。Mは破裂音を出して。Nの発声も忘れずに。母音の“o”達は無くても良いぐらいです。GRは二重子音です。短く鋭く作ってください。音声はSから-dyに向けて音を下げます。

Born on a Monday

BornonaMondayのnonaの部分を口形移動しつつ、それぞれの音を作って下さい。B、Mは唇を破裂させてください。全ての曜日の-dayは「ディ」を添える程度で良いです。

Christened on Tuesday

Christenedonはch、r、s、t、n、d、nの子音を短く強く入れます。

Married on Wednesday

Mはもっと強い破裂音をください。文のリズムは良いです。

Took ill on Thursday

t、kは舌を弾きましょう。ただし、Tから-dayまで音声は一続きです。途切らせてはいけません。

Worse on Friday

wは原音をください。Fにストレスをかけますが、音を上げてはいけません。

Died on Saturday

Dは強く発声してください。Saturdayを長く発声すると文のリズムが崩れます。

Buried on Sunday

Bは破裂が必要です。今のBは良かったです。

This is the End

ここは短いけど工夫が必要です。Thisにストレスをかけて強調します。Endも強調します。is theは簡潔に息だけで作り、Endの方に寄せます。ここまでの文を、リズムを保ちつつ少し変化をつけ、最後の文につなぎます。

Of Solomon Grundy

最初のofはごく短くて良いです。そう、そんな感じです。文全体を切らずに一息でつなげます。最後はぐっと音を下げてお終いです。

難しい！

そうです、短くても難しいです。でも、これが英語のリズムの基本なので、これができるようなれば、他の長い文もこなせます。口形移動と呼吸を意識して何度もやってみましょう。

編者注）この歌詩は、本来は子供に文章を教えるために、彼等の関心を引きながら、あるいは楽しみながら、語り手が、自由に伸び伸びと音声を作るものである。未来塾では、この歌詩がリズム作りに適したものであることに注目し、英語のリズム作りの基本を応用した発声訓練を行っている。これは、あくまで訓練のためであり、一般的な英語社会にあっては、この歌詩を定型的に同じリズムで反復する、そして文頭にアタックを付けて文末にかけて音声を下げるリズムを繰り返すことはあまりない。

1. BLOWING IN THE WIND

How many roads must a man walk down
Before you call him a man?
And how many seas must a white dove sail
Before she sleeps in the sand?
And how many times must the cannon balls fly
Before they are forever banned?
The answer, my friend, is blowing in the wind,
The answer is blowing in the wind.

How many years can a mountain exist
Before it's washed to the sea?
And how many years can some people exist
Before they're allowed to be free?
And how many times can a man turn his head,
Pretending he just doesn't see?
The answer, my friend, is blowing in the wind,
The answer is blowing in the wind.

How many times must a man look up
Before he can see the sky?
And how many ears must one man have
Before he can hear people cry?
And how many deaths will it take till he knows
That too many people have died?
The answer, my friend, is blowing in the wind,
The answer is blowing in the wind.

Point

Bob Dylanの代表曲の一つです。歌詞自体がメロディーを奏でるような美しい語句の並びです。内容には反戦、人権に関する意思が込められています。メッセージ性を意識し、強い気持をキレのある音声に乗せて届けましょう。幾つかの文で頭韻が使われています。そこはアタックとリズムを大切にして発声しましょう。

2. DANNY BOY

Oh, Danny Boy, the pipes, the pipes are calling
From glen to glen and down the mountainside.
The summer's gone and all the roses falling.
It's you, it's you must go and I must bide.

But come ye back when summer's in the meadow
Or when the valley's hushed and white with snow.
It's I'll be here in sunshine or in shadow.
Oh Danny Boy, Oh Danny Boy, I love you so.

But when ye come, and all the flowers are dying
And I am dead, as dead I well may be,
Ye'll come and find the place where I am lying,
And kneel, and say an "Ave" there for me.

And I shall hear, though soft you tread above me,
And all my grave will warmer, sweeter be,
For you will bend and tell me that you love me,
And I shall sleep in peace until you come to me.

古いアイルランド民謡に100年ほど前に新たな歌詞が付けられ、歌い継がれています。戦争のために故郷を離れた我が子を想う親の歌です。自然を描いた表現に込められた思いを、情感を込めた音声で届けてください。

3. HOW DEEP IS THE OCEAN

How much do I love you?
I'll tell you no lie.
How deep is the ocean?
How high is the sky?
How many times in a day
Do I think of you?
How many roses are sprinkled with dew?

How far would I travel
just to be where you are?
How far is the journey from here to a star?
And if I ever lost you
how much would I cry?
How deep is the ocean?
How high is the sky?

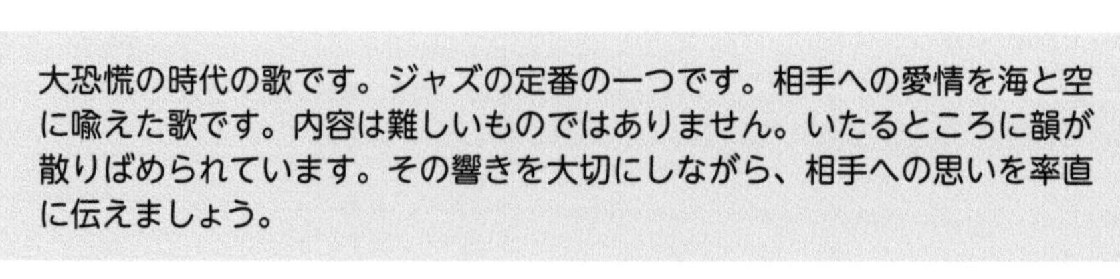

大恐慌の時代の歌です。ジャズの定番の一つです。相手への愛情を海と空に喩えた歌です。内容は難しいものではありません。いたるところに韻が散りばめられています。その響きを大切にしながら、相手への思いを率直に伝えましょう。

4. I AM A ROCK

A winter's day
In a deep and dark December;
I am alone,
Gazing from my window to the street below
On a freshly fallen silent shroud of snow
I am a rock, I am an island.

I've built walls,
A fortress deep and mighty,
That none may penetrate.
I have no need of friendship;
Friendship causes pain.
It's laughter and it's loving I disdain
I am a rock, I am an island.

Don't talk of love;
Well, I've heard the word before;
It's sleeping in my memory
I won't disturb the slumber
Of feelings that have died.
If I never loved I never would have cried.
I am a rock, I am an island.

I have my books and my poetry to protect me;
I am shielded in my armour,
Hiding in my room,
Safe within my womb.
I touch no one and no one touches me
I am a rock, I am an island
And a rock feels no pain;
And an island never cries.

Point

米国の二人組歌手 Simon & Garfunkel のヒット作です。冬のニューヨークのアパートから通りを見下ろしている彼らの姿が目に浮かぶようです。表現は簡潔ですが、歌詞に込められた思いを推し量るのは容易ではありません。自分なりに解釈して音声にして伝えてください。

5. I'M THE MAN THAT BUILT THE BRIDGES

*I'm the man that build the bridges, I'm the man that laid the track,
I'm the man that built this country with my shoulders and my back,
I'm the man that built the power dams and oiled all the cars,
And I laid down the corner stone for this great land of ours.*

I cleared the rocks and timber from the wild New England shore,
And I labored long and hard to make it grow.
I built the first log cabins and I raised a family,
Told King George and all his Red-coats where to go.

**Refrain

I'm the boy that drove the wagon when the people headed west,
Dug canals and pulled the barges on their way.
And I built and ran the factories, cut the timber for your homes,
Drove the oxen when I cut and baled the hay.

**Refrain

I built the old sod shanties and I raised the prairie towns,
And I made the railroad run from sea to sea.
I raised and drove the cattle to feed a growing land,
And the mining towns are there because of me.

**Refrain

I stoked the mighty furnaces and rolled the flaming steel.
I operated oil rigs and wells,
And when the country needed them, I built the planes and tanks
To send the tyrants down to fry in hell.

**Refrain

My face may not be pretty and my clothes are not the best,
And there aren't no big shots in my family tree.
But if you're wondering who it was that made this country great,
You don't have to look no further - it was me.

**Refrain

古いフォークソングの一つです。単刀直入な歌詞です。アメリカを作ったのはこの俺だ、という誇りを現わしています。首句反復 anaphora という技法を使い、同じ句の繰り返しによりリズムを作ります。届けるときは、それらの音を変化させて聞き手を飽きさせないようにしてください。

6. I WENT TO YOUR WEDDING

I went to your wedding
Although I was dreading
The thought of losing you
The organ was playing
My poor heart kept saying
"Your dreams, your dreams are through"

*You came down the aisle, wearing a smile
A vision of loveliness
I uttered a sigh, whispered good-bye
Good-bye to my happiness

Your mother was crying
Your father was crying
And I was crying too
The teardrops were falling
Because we were losing you*

**Refrain

アメリカとオーストラリアでヒットした歌謡曲です。-ingの反復と幾つかの韻が全体のリズムを作っています。内容は失恋ですが、簡潔な歌詞による軽やかなリズムを作り、深刻な響きとせずに届けてください。

7. JUST THE WAY YOU ARE

Don’t go changing, to try and please me
You never let me down before
Don’t imagine you are too familiar
And I don’t see you any more
I would not leave you in times of trouble
We never could have come this far
I took the good times, I’ll take the bad times
I’ll take you just the way you are.

Don't go trying some new fashion
Don't change the color of your hair
You always have my unspoken passion
Although I might not seem to care
I don't want clever conversation
I never want to work that hard
I just want someone that I can talk to
I want you just the way you are.

I need to know that you will always be
The same old someone that I knew
What will it take till you believe in me
The way that I believe in you.

I said I love you and that's forever
And this I promised from the heart
I could not love you any better
I love you just the way you are.

Point

ヒット曲を量産したBilly Joelの出世作です。美しく構成された歌詞が、そのままリズムを作ります。内容も、相手を思いやる気持ちにあふれたものです。気持ちを乗せて伝えましょう。

8. OVER THE RAINBOW

Somewhere over the rainbow
Way up high
There's a land that I heard of
Once in a lullaby.

Somewhere over the rainbow
Skies are blue
And the dreams that you dare to dream
Really do come true.

Someday I'll wish upon a star
And wake up where the clouds are far behind me
Where troubles melt like lemon drops
Away above the chimney tops
That's where you'll find me.

Somewhere over the rainbow
Bluebirds fly
Birds fly over the rainbow
Why then or why can't I
If happy little bluebirds fly
Beyond the rainbow
Why oh why can't I.

映画「オズの魔法使」の劇中歌です。映画のシーンを彷彿とさせる、絵が目に浮かぶような歌詞です。その情景を心に浮かべて相手に届けましょう。

9. SEVEN DAFFODILS

I may not have a mansion
I haven't any land
Not even a paper dollar
To crinkle in my hand
But I can show you morning
On a thousand hills
And kiss you and give you seven daffodils

I do not have a fortune
To buy you pretty thing
But I can weave you moonbeams
For necklaces and rings
And I can show you morning
On a thousand hills
And kiss you and give you seven daffodils

Oh, seven golden daffodils
All shining in the sun
To light our way to evening
When our day is gone
And I will give you music
And a crust of bread
A pillow of piney boughs
To rest your head
A pillow of piney boughs
To rest your head

Point
フォークソングの代表作の１つです。今は貧しくとも夢を持って生き、相手を愛する気持ちを前面に出す歌詞です。全体として文章量があるので、単調になったり、読み口調になったりしないように注意しましょう。

10.SING

Sing, sing a song
Sing out loud
Sing out strong
Sing of good things not bad
Sing of happy not sad
Sing, sing a song
Make it simple to last your whole life long
Don't worry that it's not good enough
for anyone else to hear
Just sing, sing a song

Sing, sing a song
Let the world sing along
Sing of love there could be
Sing for you and for me
Sing, sing a song
Make it simple to last your whole life long
Don't worry that it's not good enough
for anyone else to hear
Just sing, sing a song
Just sing, sing a song

元々は米国の幼児向けTV番組「セサミストリート」で紹介された歌で、子どもたちが歌っていました。「さあ、歌いましょう」という気持ちを前面に出して届ける歌詞です。訓練では歌いませんが、自ずとリズムを生むように、軽快に届けましょう。

11. SMILE

Smile though your heart is aching
Smile even though it's breaking
When there are clouds in the sky
You'll get by
If you smile through your fear and sorrow
Smile and may be tomorrow
You'll see the sun come shining through for you
Light up your face with gladness
Hide every trace of sadness

Although a tear may be ever so near
*That's the time you must keep on trying
Smile, what's the use of crying
You'll find that life is still worth while
If you just smile*.
**Refrain

Point

元は Chaplin の映画の中でメロディーだけであったものに、後に歌詞がつけられたものです。Smile という簡潔な単語の反復と、母音韻・脚韻が効果的に使われています。この２つを丁寧になぞり、リズムを作りましょう。何もよりも温かい歌詞の内容を伝えてください。

12. TWINKLE, TWINKLE, LITTLE STAR

Twinkle, twinkle, little star,
How I wonder what you are.
Up above the world so high,
Like a diamond in the sky.
Twinkle, twinkle, little star,
How I wonder what you are!

When the blazing sun is gone,
When he nothing shines upon.
Then you show your little light,
Twinkle, twinkle, all the night.
Twinkle, twinkle, little star,
How I wonder what you are!

Then the traveller in the dark,
Thanks you for your tiny spark.
Could he see which way to go
If you did not twinkle so?
Twinkle, twinkle, little star,
How I wonder what you are!

Point

今は曲になっていますが、元は詩でした。短い文章ですが、求められる口形移動は難関です。音声が途切れないように、そして上下に波打たないように発声してください。そして何よりも楽しさを伝えてください。

13. YOU'VE GOT A FRIEND

When you're down and troubled
And you need some loving care
And nothing, nothing is going right
Close your eyes and think of me,
And soon I will be there
To brighten up even your darkest night.

*You just call out my name
And you know wherever I am
I'll come running to see you again
Winter, spring, summer, or fall
All you've got to do is call,
And I'll be there
You've got a friend*.

If the sky above you
Should turn dark and full of clouds
And that old north wind should begin to blow
Keep your head together
And call my name out loud
Soon you'll hear me knocking upon your door.

**Refrain

Now, ain't it good to know
That you've got a friend
When people can be so cold
They'll hurt you and desert you
They'll take your soul if you let them
Don't you let them

**Refrain

Point

アメリカの有名な歌謡曲です。多くの歌手が歌っています。難しい発声は無いのですが、文章量が多いので読み口調にならないようにしてください。幾つかの文章毎にまとめて届け、発声にメリハリをつけると良いです。相手を励ます内容なので、明るく、強く、元気に届けてください。

14. YOU ARE MY SUNSHINE

*You are my sunshine, my only sunshine,
You make me happy when skies are gray,
You'll never know, dear,
How much I love you,
Please don't take my sunshine away*.

The other night, dear,
As I lay sleeping,
I dreamed I held you in my arms,
But when I awoke, dear,
I was mistaken,
And I hung my head and cried.

**Refrain

I'll always love you and make you happy
If you will only say the same,
But if you leave me to love another
You'll regret it all someday.

**Refrain

You told me once, dear,
You really loved me
That no one else could come between
But now you've left me and love another
You have shattered all of my dreams.

**Refrain

第二次世界大戦前の歌ですが、その後も多くの歌手が歌いました。前半は明るい内容、後半は悲しい内容です。その変化を音声で表してください。悲しい内容でも深刻にならないように意識してください。（この曲は原曲の歌詞の順番を変えたものが定着しました。本編も変えた歌詞としています。）

15. ON THE SUNNY SIDE OF THE STREET

Grab your coat, and get your hat,
Leave your worry on the doorstep.
Just direct your feet
To the sunny side of the street.

Can't you hear that pit-a-pat?
And that happy tune is your step.
Life can be so sweet
On the sunny side of the street.

*I used to walk in the shade
With those blues on parade.
But I'm not afraid
This Rover crossed over
If I never have a cent
I'll be rich as Rockefeller
Gold dust at my feet
On the sunny side of the street*.

**Refrain
On the sunny side of the street.

Point

大恐慌時代の歌です。暗い世相の中で、人々に勇気を与えるために作った歌です。描かれている軽やかな動作を歯切れの良い音声で表現しましょう。アタックにより、頭韻が作る軽快なリズムを表してください。擬音Onomatopoeiaも効果的に使われています。

初めて意味のある文章の固まりに取り組むことができて面白かったわ。でも、文は長くないのにうまくできない。リズムも作れないし、表現もどうすれば良いか分からない。どこから手を付ければ良いのかな。

僕もうまくできません。その上、どの歌詞も僕が生まれる前に作られた歌のもので、話していて今一つ実感が湧きません。ネットを見て歌手の真似をしたけど、それでもうまく届けることができません。

でも中津先生は１つの正しいやり方があるわけではないと言ったわ。未来塾で教わったことをもとに工夫してみます。

自分の表現なんて考えたこともなかったけど、大事なことだと思うようになってきました。同じ歌を何人もの歌手が歌っているけど、皆、歌い方が違うのです。僕も正太流でやれば良いのだと思います。

自分で考えて、詩にリズムと表現をつけて届けることは日本語の世界ではあまりないことです。ここから自分を出すことが始まります。まず、自分が共感できる歌詞を選んで表現をしてみると良いでしょう。日本では女性が自分を表現する場面は少ないので、実咲さんは最初は大変でしょう。正太君にとってはどれも古い歌かもしれませんが、内容はそんなに古くありません。内容を自分のものとして表現を作ることはできるはずです。音声に関しては、最初は自分が苦手とする音が多い歌詞は選ばなくとも良いです。その後、こなせる音が増えてきたら、難しい音を含む歌詞に挑戦するのが良いでしょう。音声、表現とも試行錯誤の連続だけど、それが全ての受講生が通る訓練の道です。

20 スピーチ　– The Great Dictator –

ここから音声編の仕上である、長い文章を使ったスピーチ訓練に入ります。この訓練で取り上げる題材は２つです。１つは、俳優Charles Chaplinが映画「The Great Dictator」(以下、「Dictator」、邦題「独裁者」)の中で自らが主人公として行った演説です。もう１つが、米国のMartin Luther King, Jr.牧師が1963年8月にWashington D.C.で行った演説「I have a dream」です。
この２つは、特定の宗教・思想に与することなく、世界中の誰もが共感しうる人類愛・兄弟愛に訴える内容です。また、「Dictator」は1940年に作られ、「I have a dream」も半世紀以上も前に行われたものですが、いずれも全く古さを感じさせることなく、むしろ時代を超えて人々に問いかけてきます。文章の構成も特別なものではなく、難しい単語も使われていません。むしろ、メディアを通じ、英語を母国語としない人を含め、世界中の人々に届けようと意図したので、音声の配置に無理が無く、うまく構成されています。
「Dictator」では英語における基本的な言語技術が用いられています。これについては、音声構成の観点から詳しく説明します。

どちらも映像を見たことはありません。

あなたが生まれるはるか前のものなので無理もありません。でも、単なるスピーチ訓練の題材ではなく、知識として持っていると世界中の人とこれを話題にして話すことができます。「I have a dream」は、スピーチを行う人の公民権運動に関する知識、米国社会の理解の度合により、表現に幅が出るでしょう。文章表現も良く練られています。こちらは表現に関する解説はしません。ここまで積み上げてきた全ての訓練と、「Dictator」で学んだ音声表現の基本を寄りどころとして、各自が受けた印象をもとに表現を作り上げてください。

「I have a dream」の解説は無しですか？文の解釈を間違えたらどうなるのでしょうか？

文章の中で理解が難しい単語はあまりないから、誤解したままでスピーチすることはないでしょう。でも、表面的な意味以上に文化、時代背景、そして歴史の持つ意味は大きいです。疑問を感じるときは納得できるまで調べると良いでしょう。
ここで改めて強調しておきたいのは、音声と内容は切り離すことはできないということです。音声編では、音声技術を中心として解説します。しかし、内容編での訓練により、内容の理解が深くなると音声面でも表現の幅が広がり、聞き手に強い印象を与えることが出来るようになるでしょう。

初めに、映画「The Great Dictator」の概略を説明します。題材とその背景を調べるのも訓練の内なので、簡潔に伝えます。
制作されたのは1940年、ヒトラー率いるドイツは、既に他国への侵略を始めており、フランスを始めとする西ヨーロッパ諸国はドイツ軍に征服されていました。この動きに危機感を抱いたチャップリンは、それまで取り組んでいた他の映画の制作を止め、「The Great Dictator」の制作に入ります。映画の中で、チャップリンはヒトラーをモデルにした独裁者と、一市民としての床屋の２役を演じます。チャップリンとして、全編に音声を付けた初めてのトーキー映画です。映画の筋立ては省略しますが、最後のシーンで、独裁者に間違われた床屋が兵士を前にして演説を行います。未来塾では、この演説稿を題材として、受講生がスピーチに取り組みます。
記録によれば、チャップリンは最後のシーンの扱いについてとても悩んだようです。当初、兵士が手に手を取ってダンスをするシーンとして撮影していましたが、最終的にそれを捨て、演説のシーンとします。演説の原稿も何度も何度も推敲を重ねたようです。内容、文章構成を、個々の単語の音声の響き、配置を含めて考えたのだと思います*2。

映画は見た方が良いですか？

訓練のために見る必要はありません。真似をしてはいけないし、名優の全精力をかけた渾身の演技など、真似できるものではありません。そして、映画の中の演説はとても早口です。息継ぎも短く、文の間のポーズもほとんどありません。皆さんは速く話す必要はありません。自分ができる速度で結構です。但し、もしも見るとしたら強い息の使い方、これだけの速度でも全く音声が潰れない正確な口形移動を参考にすると良いでしょう。呟いているように見える部分も、実際は強い息が入っています。皆さんが訓練として行うのは、文章を理解して自分のスピーチとして届けることです。

＊2：これらの解説にあたり、大野裕之氏の著作「チャップリン再入門」「チャップリンとヒトラー」、NHKの番組「プレミアム10 チャップリン」を参考にした。

ここから実際に話す訓練に入っていきます。始めに全体を通じて留意して欲しい項目を上げます。その後、幾つかの文章のまとまり毎に、語法・表現の観点から説明します。

①主部・述部を意識した音声表現（強勢拍リズム）
②冠詞＋名詞の音声処理
③ “and” と “but” の前後の処理
④単語の連結
⑤同格・比較・対照の処理
⑥説明部分の音声処理
⑦単語によるリズム作り

Point

①主部・述部を意識した音声表現（強勢拍リズム）

英語のリズムの基本です。“Solomon Grundy” で練習した、

ⅰ）重要な主語、述部にストレスを置き、他は簡潔にまとめる
ⅱ）一連の同じ構造の文章は単語の構成が多少変わっても同じリズムで届ける

ということです。これは、全体を通じての音作りの基となります。これをせず、全部に同じようにストレスをかけ、同じような長さで発声すると、既に説明した平板な「単語ころがし」のリズムとなってしまいます。

②冠詞＋名詞の音声処理

前章「⑹息継ぎ」で既に説明しました。「宙づり冠詞」としないということです。

③ “and” と “but” の前後の処理

これも英語の表現、音作りの基本中の基本の１つです。英語では、あるものを形容詞で説明するとき、１つだと表現および音声の上で足りないので、２つを用い “and” で繋ぐことがとても多いです。日本人にとっての「五ー七ー五調」のようなものでしょう。日常会話から正式なスピーチ、簡単なエッセイからビジネス文書まで、至るところで使われます。音声は、調子を変えず、一息で “A and B” と言い切ります[*3]。
これと真逆なのが “but” です。意味が180度逆のものを繋ぎます。単語であっても、文の接続であっても、音声の調子を完全に変えます。

④単語の連結

単語をぶつ切りにせず、意味の固まりで届けることです。特に今回のような長い文章では大切なことです。聞き手は原稿を持っていません。その聞き手に対し、「これがまとまった固まりです」「未だ文は続きます」「ここで終わりです」ということが分かるように音声を使って伝えてください。

⑤同格・比較・対照の処理

「同格」は、同じ趣旨の文、句が複数並ぶことです。「比較」は、それらが少し変わり、比べるものです。「対照」は、「比較」よりも大きな度合いで異なる事項が並ぶことです。これらが表現されているときの音声の作り方を説明します。

⑥説明部分の音声処理

文中の関係詞句、および文中に説明のための挿入された句の処理方法です。文が長くなり、構成も複雑になるので、話す文では多用しない方が良いのですが、必要となる場合があります。このスピーチでは多用されています。

⑦単語によるリズム作り

英語の世界で確立したリズム作りの技法があります。この幾つかは、皆さんは「歌詞編」で既に習いました。例えば、「Dictator」では、単語の出だしの子音を揃える「頭韻」が多用されています。これを使うと、話し手はリズムを作り易く、聞き手はそれぞれの単語を掴みやすくなります。

これから行う解説では、これら①～⑦は代表的な箇所について行っていますが、これらは全体に散りばめられ、豊かな音声構成となっています。

こんなに覚えることがあるのですか。

全部を一度に習得することは難しいでしょう。まず、英文にはリズム作りの基本的な技法があることを理解してください。その上で、各自が出来る技を増やしていきましょう。基本的な技法が身に付くと、どのような文章、場面であっても自分の中からすぐに取り出して使うことができるようになります。

＊3：否定文の“not A or B”も主旨としては同格であり、同様の音作りをする。

The Great Dictator

I'm sorry, but I don't want to be an emperor. That's not my business. I don't want to rule or conquer anyone. I should like to help everyone - if possible - Jew, Gentile - black man - white. We all want to help one another. Human beings are like that. We want to live by each other's happiness - not by each other's misery. We don't want to hate and despise one another. In this world there is room for everyone. And the good earth is rich and can provide for everyone.

The way of life can be free and beautiful, but we have lost the way. Greed has poisoned men's souls, has barricaded the world with hate, has goose-stepped us into misery and bloodshed. We have developed speed, but we have shut ourselves in. Machinery that gives abundance has left us in want. Our knowledge has made us cynical. Our cleverness, hard and unkind. We think too much and feel too little. More than machinery we need humanity. More than cleverness we need kindness and gentleness. Without these qualities, life will be violent and all will be lost.

The aeroplane and the radio have brought us closer together. The very nature of these inventions cries out for the goodness in men - cries out for universal brotherhood - for the unity of us all. Even now my voice is reaching millions throughout the world - millions of despairing men, women, and little children - victims of a system that makes men torture and imprison innocent people.

To those who can hear me, I say - do not despair. The misery that is now upon us is but the passing of greed - the bitterness of men who fear the way of human progress. The hate of men will pass, and dictators die, and the power they took from the people will return to the people. And so long as men die, liberty will never perish.

Soldiers! Don't give yourselves to brutes - men who despise you - enslave you - who regiment your lives - tell you what to do - what to think and what to feel! Who drill you - diet you - treat you like cattle, use you as cannon fodder! Don't give yourselves to these unnatural men - machine men with machine minds and machine hearts. You are not machines! You are not cattle! You are men! You have the love of humanity in your hearts. You don't hate. Only the unloved hate - the unloved and the unnatural.

Soldiers! Don't fight for slavery, fight for liberty! In the 17th Chapter of St Luke, it is written: "the Kingdom of God is within man" - not one man nor a group of men, but in all men. In you! You, the people have the power - the power to create machines. The power to create happiness. You, the people, have the power to make this life free and beautiful, to make this life a wonderful adventure.

Then - in the name of democracy - let us use that power - let us all unite. Let us fight for a new world - a decent world that will give men a chance to work - that will give youth a future and old age a security. By the promise of these things, brutes have risen to power. But they lie. They do not fulfil that promise. They never will.

Dictators free themselves but they enslave the people. Now let us fight to fulfil that promise. Let us fight to free the world - to do away with national barriers - to do away with greed, with hate and intolerance. Let us fight for a world of reason, a world where science and progress will lead to all men's happiness. Soldiers! In the name of democracy, let us all unite!

まず、大きな構成として、スピーチを段落に分けてみます。このスピーチは約６分間にわたり、ほとんどポーズを置くことなく届けられるものですが、細かく見ると幾つかのまとまり、いわゆる「段落」に分けることができます。チャップリンは段落を作ろうと意識したわけではないでしょうが、うまく構成されています。手元に資料がない聞き手にとり、スピーチを理解しやすい文章の量、構成というものがあります。それが段落を作る理由です。段落を作るときは主題である「**topic sentence**」で始まり、内容を構成する「supporting sentences」が続き、まとめとしての「**concluding sentence**」で結びます。この観点から全体を６つの段落に分けてみました。これらをそれぞれ前半３つ、後半３つの段落に分けると、内容も切り変わり、求められる音声の調子、リズムも変わるので、スピーチで大切な「変化」が生まれ、聞き手も受け取りやすくなります。それぞれの段落で、「**topic sentence**」と位置付けられるものを**赤字**、「**concluding sentence**」を**青字**としてみました。その間の文章が「supporting sentences」となります。受講生は、それぞれの段落毎の構成を意識し、音声を切り替えるようにするとスピーチを作りやすいでしょう*4。

topic sentence ➡ 最も大切な文なので確実に届ける。

supporting sentences ➡ 証拠、情報、または論理の展開。聞き手が受け取れるように分かりやすく話す。

concluding sentence ➡ その段落のまとめ。音声を変え、聞き手に刻印されるように伝える。

Column

段落／パラグラフについて

「パラグラフ」は、日本語では「段落」と訳され、長い文章を幾つかに分けた区切りのことを指します。元々日本には「パラグラフ」の概念はありませんでした。一例として、戦前、日本の新聞記事は区切りが無く、一つながりの固まりの文章でした。おそらく「パラグラフ」のことは知っていたと思われますが、紙面には採用していませんでした。

英語を中心とする西欧言語の世界では、「パラグラフ」は単なる文章の区切り以上のものであり、内容構成について一定の要件があります。学校教育において、言語技術の一環として、小学校・中学校・高校における国語教育の重要な項目になっています。現在、日本の英語教育においても内容として登場し、教科書に取り上げられています。一例として、高校英語教科書Crown English Expression II（三省堂、平成30 年度改訂新刊）では「パラグラフ・ライティングに向けて」という項目が段階的に展開されています。そして、これを受け、「スピーチ／プレゼンテーション」の項目が設けられ、パラグラフ・ライティングを基としてその技法が展開されています。

パラグラフ・ライティングは技法として確立されたものであり、レッスンでの指導、各種教材を通じて学習することができます。未来塾では、パラグラフ・ライティングの基本技法を踏まえ、内容編において、各種のスピーチ稿を作成し、実際に発表してもらいます。パラグラフ・ライティングに係る基本技法の習得は難しいものではありませんが、実際に発表内容を作り、それを音声だけで伝えることは、内容と音声のバランスをとる、終わりなき追求の道です。未来塾においては、ディベートへの参加（日本語）、自分を伝える自作文発表（英語）を到達目標とし、英語世界での意思と情報の伝達方法を実践的に習得してもらっています。

＊4：最初のパラグラフは、映画の展開上、「導入」のための文章がある。この「導入」から本題への展開は、音声構成としては難しいので、訓練ではこの部分を省略し、“I don't want to rule or conquer anyone.”、もしくは“We all want to help one another.”から始めると良い。未来塾では後者から始めている。

The Great Dictator（解説）

第１段落

I'm sorry, but I don't want to be an emperor. That's not my business. I don't want to rule or conquer anyone. I should like to help everyone - if possible - Jew, Gentile - black man - white.

I don't want to rule or conquer anyone.

➡ここは同格の述語＋共通の目的語です。一息の同じ音声で届けます。否定文なので"A or B"ですが、"A and B"と同じ音作りです。

I should like to help everyone - if possible - Jew, Gentile - black man - white.

➡Everyoneがそれぞれ具体的に言い換えられています。Jew, Gentile, black man, whiteは同格であり、同じ調子で届けます。whiteだけは語尾を下げ、文を終わらせます。

We all want to help one another. Human beings are like that.

We all want to help one another. Human beings are like that.

➡この１文がこの演説全体の意図を象徴しています。このallは上の文の４者を含む全ての人類です。We allは、そこまでの文とは音声を大きく変え、切らずに一息で届けてください。次の文の"are"は「〜というものだ」との意思を表すので、大切に発声してください

We want to live by each other's happiness - not by each other's misery. We don't want to hate and despise one another.

We want to live by each other's happiness
not by each other's misery.

➡２つの句を対比しています。音声を変えましょう。

We don't want to hate and despise one another.

➡hate and despiseは"A and B"です。一息で同じリズムで届けます。one anotherは、oneのo、nに原音を入れ、anotherのanにはnの原音を強く入れ、oneanotherと１つの単語のように発声します。「We all want…can provide for everyone」の部分が、チャップリンがこのスピーチで最も伝えたいことです。聞き手に強い印象を与えるよう、まとまった文章として届けてください。

In this world there is room for everyone. And the good earth is rich and can provide for everyone.

In this world there is room for everyone.
And thegoodearth is rich
and can provide for everyone

➡赤字のアルファベットに強く音を入れます。
thegoodearthは宙づり冠詞とせず１つの単語のように発声します。is richとprovideはandで繋がる同格です。同じ調子で、一息で届けます。

第２段落

The way of life can be free and beautiful, but we have lost the way.

The way of life can be free and beautiful, but we have lost the way.
➡free and beautifulは"A and B"です。一息で同じリズムで届けます。Butが来ました。前後で音声を大きく変えましょう。

Greed has poisoned men's souls, has barricaded the world with hate, has goose-stepped us into misery and bloodshed.

Greed
ｉ）has poisoned men's souls
ⅱ）has barricaded the world with hate
ⅲ）has goose-stepped us into misery and bloodshed.
➡１つの主語"Greed"に"has"で繋がる3つの句は、同格の述部です。全体で１つの文なので、途中で大きく息を切ってはいけません。強勢拍リズムを作るために、赤字の部分に短く強いストレスをかけ、ｉ、ⅱ、ⅲとも「赤字⇒青字⇒緑字」を概ね同じ発声の長さ、リズムで発声します。ｉは多少長めに、ⅲは意識して簡潔に発声すると良いでしょう。

We have developed speed, but we have shut ourselves in. Machinery that gives abundance has left us in want.

Machinery that gives abundance^ has left us in want.
➡赤字は説明部分です（ここでは関係代名詞節）。説明部分は対象を定義する重要なものですが、一般的には文の他の箇所と同じように発声すると文全体のリズムを壊してしまう可能性があります。主語のMachineryと間髪を置かず、やや低く、やや速いスピードで続けます。"that"の発声はごく短くします。「^」で、「説明部分が終わるよ」という合図を出すためにほんの少しポーズを置き、"has"から最後までを届けます。

Our knowledge has made us cynical. Our cleverness, hard and unkind.

Our knowledge has made us cynical.
Our cleverness, ^（省略）　hard and unkind.
➡この２つは同格です。２つ目の文の動詞は省略されていますが、同じリズムで届けてください。「^」で少し間を置き、"hard and unkind"は"cynical"と概ね同じ長さで届けます。

We think too much and feel too little. More than machinery we need humanity. More than cleverness we need kindness and gentleness.

We think too much and feel too little.
More than machinery we need humanity.
More than cleverness we need kindness and gentleness.
➡これらの文の中で赤字の部分と青字の部分とで「対比」がなされていいます。比べるものが聞き手に明確にイメージとして浮かぶように、ゆっくり、はっきり、音声を変えて届けます。

Without these qualities, life will be violent and all will be lost.

Without these qualities, life will be violent and all will be lost.
➡"quality"には「良きもの」との響きがあります。この段落でこれまで述べてきたものを指しています。これと「悪いもの」である"violent""lost"を音声で対比させ、この段落を結んでください。

第３段落

The aeroplane and the radio have brought us closer together.

The aeroplane and the radio have brought us closer together.

➡この箇所は“A and B”です。単語とandの間にポーズを置かず、音を上下させず、一息で届けます。

The very nature of these inventions cries out for the goodness in men - cries out for universal brotherhood - for the unity of us all.

The very nature of these inventions cries out for the goodness in men
cries out for universal brotherhood
（省略） for the unity of us all.

➡“cries out”は一息で発声します。３つの“for”以下は同じリズム、同じ長さで届けて下さい。

Even now my voice is reaching millions throughout the world - millions of despairing men, women, and little children - victims of a system that makes men torture and imprison innocent people.

Even now my voice is reaching millions throughout the world
millions of despairing men, women, and little children
victims of a system that makes men torture and imprison innocent people.

➡赤字の箇所は３つとも同じ対象を言い換えています。単語を息で連結させ、同じ声の調子で発声します。そして、青字以下は説明部分です。この中には同じ目的語を持つ“A and B”型の述部があります。言わば三重構造ですが、これらを音声だけ言い換えます。

To those who can hear me, I say - do not despair. The misery that is now upon us is but the passing of greed - the bitterness of men who fear the way of human progress.

To those who can hear me, I say - do not despair.

➡“who”以下は説明部分です。“I say”は「私は宣言するぞ」という予告、そしてこの文で最も大切な“do not despair”をゆっくり、はっきり届けます。“don't”ではなく、強調の“do not”となっているので、それぞれの語頭に強くストレスをかけましょう。

The hate of men will pass, and dictators die, and the power they took from the people will return to the people. And so long as men die, liberty will never perish.

The hate of men will pass, and dictators die, and the power they took from the people will return to the people.

➡赤字の部分は説明部分です。声の調子を変えて表現してください。字を強調した箇所にはストレスをかけましょう。

And so long as men die, liberty will never perish.

➡ここが前半全体の「concluding sentence」です。短い文ですが、表現方法はいろいろあるので、各自が工夫しましょう。どのような表現であっても、語頭のL、M、D、N、Pでは強い原音を出してください。

第４段落

Soldiers!

Don't give yourselves to brutes - men who despise you - enslave you - who regiment your lives - tell you what to do - what to think and what to feel! Who drill you - diet you - treat you like cattle, use you as cannon fodder!

Don't give yourselves to these unnatural men - machine men with machine minds and machine hearts. You are not machines! You are not cattle! You are men!

You have the love of humanity in your hearts. You don't hate. Only the unloved hate - the unloved and the unnatural.

The ＋形容詞・過去分詞で、「～な人たち」を指します。

Only the unloved hate - the unloved and the unnatural

赤字箇所を強く発声し、後半は先に伝えた"the unloved"を繰り返し、印象付けます。あたかも１つの単語のように大きく口形移動し、切れのある音声で届けます。

Soldiers!

➡後半の山場がいきなり来ます。「!」がついている単語は特に強く発声してください。頭の「S」にアタックを付け、一息で音声を下げながら強く言い切ってください。「S」には母音「ou」がついていますが、ごく小さく音をさばかないと強い呼びかけのリズムが崩れます。続く「L」には母音は続きませんが、日本人はカタカナ音の癖で「u」を付けがちです。最後の複数の「s」には「兵士全員」という意味があるので、消さずに短く強く発声します。

Don't give yourselves to brutes
men who despise you
enslave you
who regiment your lives
tell you what to do
what to think
and what to feel!
who drill you
diet you
treat you like cattle,
use you as cannon fodder!

➡始めに出てくるbrutesはmenに言い換えられ、そのmenを説明するwhoが続きます。それぞれのwho以下は、簡潔に短く鋭く発声します。Whatの３連発をあたかも１文のように発声すると良いです。長い文章ですが、すべてはbrutesの説明であり、それを音声だけで聞き手が分かるように届けなければなりません。

Don't give yourselves to these unnatural men - machine men with machine minds and machine hearts. You are not machines! You are not cattle! You are men!

➡unnatural manが言い換えられています。ここは英語のリズム作りの基本の１つである「頭韻」、頭の子音を揃える技法が用いられています。特に下線部はMにストレスをかけながら、一息で音声を上下させずにたたみかけるように届けます。聞かせどころの１つです。

第５段落

Soldiers!

Don't fight for slavery, fight for liberty!

In the 17th Chapter of St Luke, it is written: "the Kingdom of God is within man" - not one man nor a group of men, but in all men.

In you! You, the people have the power - the power to create machines. The power to create happiness. You, the people, have the power to make this life free and beautiful, to make this life a wonderful adventure.

Then - in the name of democracy - let us use that power - let us all unite. Let us fight for a new world - a decent world that will give men a chance to work - that will give youth a future and old age a security.

Soldiers!

➡ここでまた強く発声します。

Don't fight for slavery, fight for liberty!

➡同じ構造の文が続きますが、意味は全く違います。音の違いを出します。F音が続きます。語頭のfは、強い息で下唇を弾きます。

In the 17th Chapter of St Luke, it is written: "the Kingdom of God is within man" - not one man nor a group of men, but in all men.

➡赤字の箇所は引用で、青字の箇所はその導入です。他の箇所と音声を変えると共に、ゆっくり話し、「何」から「何」が引用されているのか、聞き手に確実に届けます。
それに続けて、否定＋否定で、「それは全ての人」だと示します。ここも音で単語を対比させます。

In you! You, the people have the power - the power to create machines. The power to create happiness. You, the people, have the power to make this life free and beautiful, to make this life a wonderful adventure.

➡最初のin you=in all menなので、前文との間にポーズを置いてはいけません。その後、出だしで同じthe powerを繰り返す首句反復を使いながら、大切な語として印象付けます。これらは、同じ強い調子で発声します。最後から１つ前のmake以下は同格です。音声で2つの箇所を分かりやすく並べてください。

Then - in the name of democracy - let us use that power - let us all unite.
Let us fight for a new world
a decent world that will give men a chance to work –
that will give youth a future
and old age a security.

➡強い意思を示すため、Let'sではなくLet usとし、それを首句反復します。その後、説明部分が入り組んでいますが、world, give, その対象者、与えるもの、という具合に呼応しています。この構造を音声で届けます。

第６段落

By the promise of these things, brutes have risen to power. But they lie. They do not fulfil that promise. They never will.

By the promise of these things, brutes have risen to power. But they lie. They do not fulfil that promise. They never will.
➡赤字の大切な言葉に強く音声を入れます。どれも強い言葉です。

Dictators free themselves but they enslave the people.

Dictators free themselves but they enslave the people.
➡Butの前後では内容が真逆です。短い文ですが、音声をガラッと変え、対比させます。

Now let us fight to fulfil that promise. Let us fight to free the world - to do away with national barriers - to do away with greed, with hate and intolerance. Let us fight for a world of reason, a world where science and progress will lead to all men's happiness.

Now let us fight to fulfil that promise.
Let us fight to free the world - to do away with national barriers
to do away with greed,
with hate and intolerance.
Let us fight for a world of reason,
a world where science and progress will lead to all men's happiness.
➡この３つの文は、息継ぎをしても、全体として一かたまりの文章として届けてください。まず、"Let us"による首句反復が来ます。"to do away with"は短母音をつなげ短くまとめてください。もたつくと全体のリズムを壊します。最後の緑の部分は前のreasonの言い換えです。

Soldiers! In the name of democracy, let us all unite!

Soldiers!
➡ここで改めて強く発声します。

In the name of democracy, let us all unite!
➡この文は途中で使われています。それを最後に再度持って来たことは、聞き手に強い印象を残すためです。先ほどよりも強く届けてスピーチを仕上げてください。

21 スピーチ －I have a dream－

ここから、スピーチ訓練の最後の課題に入ります。
題材は、米国のプロテスタント・バプティスト派の牧師であるキング牧師(Dr. Martin Luther King, Jr.)が1963年8月28日に首都Washington D.C.で行った“I have a dream”のスピーチです。全体では15分強のスピーチですが、未来塾ではこのうち後半約1/3の文章を使って訓練をします。
そのとき、黒人に対する人種差別に反対し、全米の多くの人が首都を目指して徒歩で行進しました。そうして集まった人々を前にして、宗教家であり、公民権運動の指導者であるキング牧師が届けた演説です。
実咲さんと正太君には、スピーチ訓練に臨むにあたり、文章の意味を正しく理解するだけでなく、この演説がなされた社会背景についても調べ、スピーチを深く、広く知って欲しいです。その深い理解と自分が感じたことが音声に反映されます。
この演説は内容が深く、気高いものであり、文章構成は音声、表現とも整っています。ただし、簡単に類型化できるものではないので、文章ごとの解説はしません。大きな特徴として次の点に注意して各自のスピーチを組み立ててください。

1. 息継ぎに注意しましょう。一つ一つの文がとても長く、一息で話すことはできません。どこで息継ぎをするかを、文の意味と表現の工夫を踏まえて、予め決めて行ってください。

2. 母音の発声、表現に気を付けてください。スピーチ全体で、母音に特徴がある単語が多用されています。母音は、子音に比べ話す人の表現、個性を乗せやすいという特徴がある一方、日本人の場合、母音は強くなり過ぎたり、音調が上がったりしてリズムを壊しやすいので注意しましょう。

3. 表現技法と変化のバランスを取りましょう。文章全体に、首句反復などの、これまで説明した表現技法が用いられています。技法はそれ自体がリズムを作りますが、同時に単調になる恐れがあります。変化を付け、表現の幅を広げましょう。

Transcript of Martin Luther King Jr.'s 'I have a dream' speech

Aug. 28, 1963 in Washington D.C.

最初は後半部分を訓練対象としますので、前半の青文字部分は後回しにしても良いです。

*I am happy to join with you today in what will go down in history as the greatest demonstration for freedom in the history of our nation.

Five score years ago, a great American, in whose symbolic shadow we stand today, signed the Emancipation Proclamation. This momentous decree came as a great beacon light of hope to millions of Negro slaves who had been seared in the flames of withering injustice. It came as a joyous daybreak to end the long night of their captivity.
But 100 years later, the Negro still is not free. One hundred years later, the life of the Negro is still sadly crippled by the manacles of segregation and the chains of discrimination. One hundred years later, the Negro lives on a lonely island of poverty in the midst of a vast ocean of material prosperity. One hundred years later, the Negro is still languished in the corners of American society and finds himself an exile in his own land. And so we've come here today to dramatize a shameful condition.

In a sense we've come to our nation's capital to cash a check. When the architects of our republic wrote the magnificent words of the Constitution and the Declaration of Independence, they were signing a promissory note to which every American was to fall heir. This note was a promise that all men -- yes, black men as well as white men -- would be guaranteed the unalienable rights of life, liberty, and the pursuit of happiness.
It is obvious today that America has defaulted on this promissory note insofar as her citizens of color are concerned. Instead of honoring this sacred obligation, America has given the Negro people a bad check, a check that has come back marked "insufficient funds."

But we refuse to believe that the bank of justice is bankrupt. We refuse to believe that there are insufficient funds in the great vaults of opportunity of this nation. And so we've come to cash this check, a check that will give us upon demand the riches of freedom and security of justice. We have also come to this hallowed spot to remind America of the fierce urgency of now. This is no time to engage in the luxury of cooling off or to take the tranquilizing drug of gradualism. Now is the time to make real the promises of democracy. Now is the time to rise from the dark and desolate valley of segregation to the sunlit path of racial justice. Now is the time to lift our nation from the quicksands of racial injustice to the solid rock of brotherhood. Now is the time to make justice a reality for all of God's children.

It would be fatal for the nation to overlook the urgency of the moment. This sweltering summer of the Negro's legitimate discontent will not pass until there is an invigorating autumn of freedom and equality. 1963 is not an end but a beginning. Those who hoped that the Negro needed to blow off steam and will now be content will have a rude awakening if the nation returns to business as usual. There will be neither rest nor tranquility in America until the Negro is granted his citizenship rights. The whirlwinds of revolt will continue to shake the foundations of our nation until the bright day of justice emerges.

But there is something that I must say to my people who stand on the warm threshold which leads into the palace of justice. In the process of gaining our rightful place we must not be guilty of wrongful deeds. Let us not seek to satisfy our thirst for freedom by drinking from the cup of bitterness and hatred. We must forever conduct our struggle on the high plane of dignity and discipline. We must not allow our creative protest to degenerate into physical violence. Again and again we must rise to the majestic heights of meeting physical force with soul force. The marvelous new militancy which has engulfed the Negro community must not lead us to a distrust of all white people, for many of our white brothers, as evidenced by their presence here today, have come to realize that their destiny is tied up with our destiny. And they have come to realize that their freedom is inextricably bound to our freedom. We cannot walk alone.

As we walk, we must make the pledge that we shall always march ahcad. We cannot turn back. There are those who are asking the devotees of civil rights, "When will you be satisfied?" We can never be satisfied as long as the Negro is the victim of the unspeakable horrors of police brutality. We can never be satisfied as long as our bodies, heavy with the fatigue of travel, cannot gain lodging in the motels of the highways and the hotels of the cities. We cannot be satisfied as long as the Negro's basic mobility is from a smaller ghetto to a larger one. We can never be satisfied as long as our children are stripped of their selfhood and robbed of their dignity by signs stating "for whites only." We cannot be satisfied as long as a Negro in Mississippi cannot vote and a Negro in New York believes he has nothing for which to vote. No, no we are not satisfied and we will not be satisfied until justice rolls down like waters and righteousness like a mighty stream.

I am not unmindful that some of you have come here out of great trials and tribulations. Some of you have come fresh from narrow jail cells. Some of you have come from areas where your quest for freedom left you battered by storms of persecution and staggered by the winds of police brutality. You have been the veterans of creative suffering. Continue to work with the faith that unearned suffering is redemptive.

Go back to Mississippi, go back to Alabama, go back to South Carolina, go back to Georgia, go back to Louisiana, go back to the slums and ghettos of our northern cities, knowing that somehow this situation can and will be changed.*

Let us not wallow in the valley of despair.※ I say to you today my friends -- so even though we face the difficulties of today and tomorrow, I still have a dream. It is a dream deeply rooted in the American dream. I have a dream that one day this nation will rise up and live out the true meaning of its creed: "We hold these truths to be self-evident, that all men are created equal."

I have a dream that one day on the red hills of Georgia the sons of former slaves and the sons of former slave owners will be able to sit down together at the table of brotherhood. I have a dream that one day even the state of Mississippi, a state sweltering with the heat of injustice, sweltering with the heat of oppression, will be transformed into an oasis of freedom and justice.

I have a dream that my four little children will one day live in a nation where they will not be judged by the color of their skin but by the content of their character. I have a dream today.

I have a dream that one day down in Alabama, with its vicious racists, with its governor having his lips dripping with the words of interposition and nullification -- one day right there in Alabama little black boys and black girls will be able to join hands with little white boys and white girls as sisters and brothers. I have a dream today.

I have a dream that one day every valley shall be exalted, and every hill and mountain shall be made low, the rough places will be made plain, and the crooked places will be made straight, and the glory of the Lord shall be revealed and all flesh shall see it together. This is our hope. This is the faith that I go back to the South with. With this faith we will be able to hew out of the mountain of despair a stone of hope. With this faith we will be able to transform the jangling discords of our nation into a beautiful symphony of brotherhood. With this faith we will be able to work together, to pray together, to struggle together, to go to jail together, to stand up for freedom together, knowing that we will be free one day.

This will be the day, this will be the day when all of God's children will be able to sing with new meaning;

My country, 'tis of thee,
Sweet land of liberty, of thee I sing.
Land where my fathers died,
Land of the Pilgrim's pride,
From every mountainside,
Let freedom ring!

And if America is to be a great nation, this must become true.

And so let freedom ring from the prodigious hilltops of New Hampshire. Let freedom ring from the mighty mountains of New York. Let freedom ring from the heightening Alleghenies of Pennsylvania. Let freedom ring from the snow-capped Rockies of Colorado. Let freedom ring from the curvaceous slopes of California. But not only that; let freedom ring from Stone Mountain of Georgia. Let freedom ring from Lookout Mountain of Tennessee. Let freedom ring from every hill and molehill of Mississippi -- from every mountainside.

Let freedom ring. And when this happens, and when we allow freedom ring -- when we let it ring from every village and every hamlet, from every state and every city, we will be able to speed up that day when all of God's children -- black men and white men, Jews and Gentiles, Protestants and Catholics -- will be able to join hands and sing in the words of the old Negro spiritual: "Free at last! Free at last! Thank God Almighty, we are free at last!"

※未来塾では、スピーチの分量、込められた意図、そして音声構成を踏まえ、スピーチの後半を訓練対象としている。最初の文は音声構成が難しいので、2文目“I say to you today my friends”から発声訓練を行っている。

スピーチって、単なる朗読ではないのですね。深く考えて、どうしたら感じたことが伝わるか、工夫してやってみました。音声は単語を意識し過ぎるとブチブチと切れがち。まだうまくバランスがうまく取れませんけど始めよりは良くなりました。

僕もそうです。僕はまだスピーチ全体を質をそろえてこなすことができません。一つ一つの音もおろそかにできないし、そして文章の量も多いし、全部は上手くこなせないです。

私もまだ失敗が多いけど、自分で考えた表現を届けることができるようなり、少しずつ英語に自信が出てきました。リスニングの力もついてきました。まだ発展途上だけど、世界のどこでも行く勇気が湧いてきました。

僕はこれまでもいろいろなところに行って英語を話していたけど、「スピーチ」という意識を持ったことはありませんでした。自分が話す1文1文の作り方が雑だったということが分かりました。ここからもう一度真剣に学びます。

二人とも十分英語として聞こえる音声、リズムになってきています。実咲さんは、表現することは自分を出すことだということが分かってきましたね。表現は単純な音の変化ではありません。内容編を受け、更に表現について考えると良いでしょう。正太君は、これまであまり自分の英語のことを考えずに話してきましたね。スピーチは本来自由なものだけど、自分を伝えるには技術、作戦が必要です。それでも音作りが丁寧になってきました。二人とも、これからの訓練でどこまで行けるか楽しみになってきました。

終章 結び　本書執筆の経緯と謝辞

1. 本書執筆の動機

本書の結びにあたり、キャラクターのセリフ、コラム等では書ききれなった、本書作成にかかる経緯を記したいと思います。

まず、本書作成の動機は、中津先生（以下、敬称を略し「中津」とします）の英語指導方式を、誰にでも分かり易い形でまとめることでした。このことは、本文「序章 3. 本書作成のねらい」にも記載しています。中津は日本生まれの日本人ですが、旧ソビエトと米国での生活が長く、精神構造としては日本人よりも外国人に近かったと思います。日頃のコミュニケーションにも独特の表現がありましたし、英語指導に於いては尚更そうでした。中津は、従来の英語指導に係る発想、学術的見解に捉われないので、この本に展開した「中津流」を編み出すことが出来た半面、日本語で説明しても分かりにくい部分が残りました。また、中津は多くの著作を残しましたが、英語指導の一部の活動は紙面に残していません。特に、文章、スピーチの発声指導に割かれた紙面は少ないです。私たち未来塾講師は、中津の教え子として、そして中津の活動を引き継いだ者として、それらの不足を言葉にすると共に、英語学の一般的な知見を加えて説明を補強し、まとまった一つの体系とすることを目指しました。

私は、出版活動のために複数の出版社に接触しましたが、そのやり取りの中で、中津が残したものを知的財産としてまとめること、教育活動を行う未来塾が組織としての体裁を整えるべきとの助言を頂きました。中津方式を著作物の形でまとめることを発心したのは中津がこの世を去った2011年頃ですが、ここまでの10年をかけて塾としての法人体制を整え、著作物の作成を進めて来ました。

当初は、一般的な図書として、文章を書き連ねたものとしました。しかし、この間、出版物を取り巻く環境が大きく変わりました。その第一はインターネットの進展です。種々の情報はインターネットを介して得る場面が増えて来ました。コミュニケーションもSNSが普通に使われるようになってきました。また、インターネットを見るブラウザの構成・イメージが雑誌等の紙面にも展開されるようになってきました。第二に、YouTubeに象徴されるように、クラウド環境の進展により、動画が無償に近い形で安定的に使えるようになりました。そこで、塾として、編集方針を大きく変え、主たる文章をキャラクターによる会話形式とし、動画についても二次元バーコードを利用していつでもどこでも見られるようにしました。これらの工夫により、読者において英語とは難解で近寄りがたいものとの印象が薄れ、まずはやってみようとの意欲が生まれることを目指しました。

読者の皆様には直接関係はありませんが、本図書はオンデマンド印刷にて作成しています。以前のオフセット印刷では、紙面の版下を作り、大量の部数を作っていました。現在のオンデマンド印刷では、最低の印刷冊数を少なくできます。また、紙面構成も専門家でなくとも使えるソフトウェアにて作成しました。動画の加工も、専門家ではなくとも、誰でも使えるソフトウェアで行いました。結果として、販売に係るリスクを小さくすることができ、従来の図書とは異なる実験的な紙面として発刊することができました。

本書は、説明文と映像の相互作用により、読者が独力で正しい英語音の基礎を習得することを目指しています。（ここでの「正しい」は英語ネイティブに支障なく受け入れてもらえる範囲の英語音声であることを意味しています。）正しい英語音を習得することが、英語を話すこと、聞くことの基礎となります。音声訓練の最終到達点であるスピーチは、基本的なリズムはあるものの、それを基としながら自由闊達に表現して良いものです。その基礎とバリエーションを本書だけで習得することは容易ではありませんが、本書による音声訓練は、他所にて英語訓練を受ける場合でもプラスになるでしょう。また、中津の指導を受けたOBも日本各地に多数おりますし、未来塾を始め、中津方式による英語指導を行っている団体があります。そこでの訓練を受けるきっかけとなると良いと思っています。

本書は、現在の未来塾のスタッフが作りましたが、4,000名余におよぶ中津の教え子、そしてその教え子の指導を受けた者が手にし、もう一度自分自身で復習すること、そして機会があれば周囲に中津方式で英語を教えることを期待しています。加えて、インターネットの時代の図書として、単に読む以外の様々な活用方法が生まれて来ることも期待しています。

本書は音声編ですが、この後、内容編を出版する予定です。程度の差はありますが、全ての言語において、音声と内容は不可分ですが、特に英語に於いてはその傾向が強いと言えます。そうでありながら、未来塾では、導入から半ばまでは音声と内容を分けて訓練しています。カリキュラムも、細かく段階を分けています。英語は、音声、文章とも、小さな独立した単位(イメージとしては「部品」です)が組み合わさって高度な内容を作る構成となっています。音声では音声の最小単位としての原音があり、それがアルファベット、単語、文、スピーチという具合に高度に組み合わさっていきます。未来塾では、10ページにある「積み上げ方式設計図」が示すように、英語を音声と内容に分け訓練を重ねてゆきます。実際の訓練では、途中から交互に訓練を重ね、統合していきます。本書で学習される皆様は、まず音声訓練を重ね、基礎を作った上で内容編の訓練をお待ち頂きたいと思います。

音声編は、中津が一つの確固たる体系として作ってくれました。しかし、内容に係る指導は(未来塾では「日本語ディベート導入訓練」と呼んでいます)、中津と教え子が試行錯誤をしながら作ったものであり、未だ発展途上のものです。これは、中津自身が受けた教育・訓練によるものです。音声は、「なんで英語やるの?」にありますように、GHQにおいてJ・山城氏の厳しくも理詰めで系統立った訓練を受け、それを基として、米国で磨きをかけました。しかし、内容については、国語としての日本語について、戦前戦後の日本社会の混乱の中で系統的な教育・訓練を受けることが出来ませんでした。逆に米国では、いきなり英語社会に於ける高等教育機関に放り込まれました。国語としての英語の言語技術を基礎から系統的に習得する機会を得ることはできませんでした。従って、これまでの未来塾での内容訓練は実務的・実践的ではありますが、必ずしも誰もが学び易い体系的なものではありません。未来塾では、ここ20年ほど、日本国内において、西欧での国語指導に関する優れた研究、調査、そしてそれによる実践事例が出てきているので、それを参考にして再構築しているところです。内容編にはその成果を反映して参ります。

2. 中津先生について

ここで、教え子から見た中津と言う人柄、中津の人生を幾つかの断片から描きます。私、古屋は、2001年に受講生として入塾し、中津の指導を受けた最後の教え子の一人です。私から見た中津という人物の一面に触れ、読者の皆様が、英語を学ぶこと、国際社会で生きることの光と影を感じ、ご自身の学習、訓練について考える機会として頂ければ幸いです。

中津の人生は、戦争に翻弄され、そしてその戦争の後始末により開けた人生でした。中津は日本で生まれましたが、父親の旧ソビエト連邦体制化におけるウラジオストク日本領事館付通訳という仕事により家族でかの地に移り、12歳まで過ごし、その後、帰国しました。戦前、戦中の日本での暮らし、そして中津にとっての日本での異文化体験は「英語と運命」「声を限りに蝉が哭く」等に書かれています。

戦後、GHQでの勤務実績が認められ、奨学金を得て渡米します。中津が米国で暮らした1950～1960年代は、外国人、そして米国人の中でも有色人種には暮らし易い時期ではありませんでしたが、米国という国の絶頂期の期間であり、中津自身はその空気を吸い人生を謳歌していました。それゆえに、夫の帰任に伴い帰国した日本での暮らしは、家族全体として旧い日本社会との軋轢の日々でした。これが、中津の著書に通底するテーマとなりました。

中津は、共著1冊を含む12冊の著作を残してくれました。このうちの幾つかは英語指導に関するものであり、他のものは文化論です。しかし、書き分けたものであっても中津のテーマは一貫しています。英語に関するものであっても、それは単なる教則本ではなく、英語環境、異文化、国際社会にあってどう生きるかという視点がありました。文化論も個人の経験を基として、読者に異文化について考える機会を提供するものです。

中津がそれらの図書を書き始めた昭和40年代の終わりから50年代は、まだ日本という国、そして日本人にとり、それほど国際化は進展していませんでした。しかし、いずれ国、大企業だけではなく、日本人一人ひとりに国際化が日常として訪れることが、中津には見えていたようです。

中津が「なんで英語やるの？」に書いた日本人を巡る英語学習の課題は、40年の時間を経ても、大きく改善したとは言えません。日本の経済力が強かった昭和の終わりから平成の初めにかけて、大企業を中心に国際化が進みましたが、それは必ずしも日本と国際社会の融合ではなく、日本社会の拡大の面がありました。世界が、日本に関心を持ち、日本の言うことを聞いてくれました。しかし、日本、そして日本企業の国際的な地位が相対的に下がる中、日本への注目は下がっています。その時に日本人はどう生きるのか、どう世界と付き合っていくのか。中津は、しばしばそのように語っていました。中津は、そのために後輩に情報収集の武器としての英語を残してくれました。

中津はとても元気な人で、英語指導を通じてその熱量が伝わってくるような指導者です。本書で中津の指導映像が見られますが、あの様子は指導のための演技ではなく、普段通りのやり取りです。指導コメントは簡潔かつ率直で、かつとても深いものでした。私は中津の４回の指導[*1]を受けましたが、複数の受講生がいる２時間の授業の中のものなので、私に振り当てられた時間は１度の授業では10分程度でした。しかし、それは他の指導者による数時間の指導に匹敵するような、自分の英語学習に亀裂が入るようなものでした。中津の英語に係る技術、知見はずば抜けていました。中津は、大学の英語指導教官が英米に留学しても経験できないような人生を歩みましたが、そのエッセンスが指導ににじみ出ていました。中津の著作の一部にこんな下りがあります。米国のある会社で働いていたのですが、給料も良くなく、上司との折り合いも悪かった。あるとき、勤務先の自席で新聞の求人欄で良さそうな会社を見つけます。真剣に読んでいると、仲が悪い上司が近づいてきて、次の様に言います。「その会社は、表向きは普通の会社だが、実際にやっていることは女性社員に身体を売らせることだ。そのような世界に行くと抜けられなくなる。」そのようにぼそっと告げると上司は自席に戻り仕事を続けました。中津は、危険を避けることができました。当時の中津には学歴も人脈もなく、周囲には米国人のみがおり、英語でのやり取り、情報収集が全てでした。中津はそのような社会で生き抜いてきました。日本の大学の英語指導者の中で、ここまでの経験をしている人はあまりいないでしょう。中津にとり、英語そのものが生きる武器でした。そのことが、中津の英語指導の根幹にあります。

このような中津ですから、日本という国が国際化する中で、将来、何が起こるか見えていた部分があります。本書の冒頭で引用したように、国際化とは特別な組織、人のものではなく、普通の日本人の日常に並存するものとなるだろう、避けて通れないものとなるだろう、と見ていました。英語学習とは、高度の訓練を必要とするものでありながら、誰もが取り組むべきものである。中津は、国際連合で演説するような人材を育てたいと言っていました。（未来塾としてはまだ果たしていませんが。）同時に、国際関係とは、向こう三軒両隣との近所付き合いの延長線上にあるとも言っていました。ですから韓国を始めとして隣国のことを知り、言葉を学ぶ重要性を説き、当時の未来塾では実践していました。中津は、英語学習の必要性を認める者は誰でも受け入れました。英語指導者、英語を必要とするビジネスマンだけでなく、主婦、学生も受けいれました。

中津は、外国人・法人が日本の会社の株式を大きく取得するようになることを予想していました。中津は経済学を学んだわけではないですが、米国で世界中の人々と接する中で、海外の人が収益の機会を求め、世界中で動き、いずれ日本にもやってくることを肌感覚として持っていました。しかし、それに対して日本人として行うべきは、外国人の株式取得に制限を付けることではなく、彼らに対しある時は主張し、ある時は協働することができる十分なコミュニケーションを育むことだとの考えを持っていました。中津は国際関係が綺麗事では済まないことを嫌というほど経験してきたわけですが、だからと言って過度に恐れる、あるいは無意味な国粋的な気分を煽るようなこともありませんでした。「英語を学びなさい、そして生き抜きなさい。」それが中津のメッセージであり、そのための具体的な方法を残してくれました。

私達講師ができることは多くはありませんが、中津が残してくれた方法論・教材で英語指導を継続すること、そして中津方式をこれからの人達（特に若者）が使える形で残すことです。本書がその一歩です。皆さんお一人おひとりの挑戦を支援して参ります。共に歩みましょう。

＊1：中津は大阪在住だったため、それ以外の場所での教育機関にあっては、普段は教え子の中で英語の習得が進み、講師としての研修を受けたものが授業を担当していました。中津は時々上京し、それらの授業の中の何度かを直接担当しました。

3. 謝辞

ここから、この場を借りて本書をまとめるにあたりお世話になりました多くの方にお礼を申し上げます。

何よりも、中津先生に感謝の意を示したいと思います。私個人が指導を受けたのは20年前ですが、先生との出会いがなければ私の人生は違うもの、自分の思いが十全に実現できない不完全なものになったでしょう。

現在、中津の著作権については、著作物だけでなく、英語指導方法を含めた知的財産全てを法人である未来塾にて管理しています。お譲りくださった中津先生のご遺族にお礼申しあげます。

本書執筆の大きな動機となったのは、中津のアルファベット指導映像の存在です。これは大阪在住の坂本充様のご尽力によるものです。かなり前になりますが、地元大阪で中津とご縁があった坂本様が、中津が指導したVHS映像を作成し、市販してくださいました。今回、その著作権をお譲りいただき、それが本書の中心となるコンテンツとなりました。この映像がなければ、本書を市販される図書としてまとめることは無く、未来塾関係者の指導記録として紙面を作り、残すだけの作業となったでしょう。厚くお礼申し上げます。

出版に当たり、小野高速印刷㈱の湯川祥史郎常務取締役（出版契約締結時）、編集者である吉田修氏の両氏に大変お世話になりました。大学で使われる教育図書の出版に実績のある同社ですが、その中でも今回の図書は従来の形式とは大きく異なるものになりました。そのご苦労はいかばかりと思います。ここにお礼を申し上げます。

本書のイラストは古賀敏郎氏に描いて頂きました。書籍のコンセプトを理解できるイラストレーターを探すのは、数年がかりの難題となりました。図書の内容に沿ったイラストを、作者の意向に沿って形にすることができる古賀氏と出会い、本書ができました。未来塾の意図を形にしてくれた古賀氏に出会うという僥倖に恵まれたことに感謝します。

ここで、宮崎公立大学と竹野茂教授に触れます。竹野教授は中津の教え子のお一人ですが、そのご縁で、私が未来塾を代表し、同大学が主催する市民講座で一般の方と学生に講義をする機会を2018年に頂きました。そのとき、すでに執筆作業を進めていましたが、一般の方を前にした講義の構成は、本書の構成を見直し、洗練させる機会となりました。また、本書の「Dictator」の章は竹野教授の作成教材を参考にさせていただきました。竹野教授と同大学にお礼申し上げます。また、同大学において、かつて中津が招聘され、短期間ではありますが学生に講義をしたことを申し添えます。

出版関係の中で、お二人に特別の謝意を申し上げます。お一人は三五館代表取締役星山佳須也氏です。同社は既に会社を閉じ、現在はありませんが、中津の最後の２冊を出版してくださいました。（星山氏肩書は法人閉鎖時のもの。）この図書を契機として多くの方が未来塾を受講してくださいました。また、星山氏は、中津のそれ以前の図書発刊にも関わってくださいました。

もう一人は、文藝春秋OBの岡崎満義氏です。中津は複数の図書を同社から出版しました。また、1977年に週刊文春で当時の未来塾の指導内容が11回に亘り紹介されました。（記事は国会図書館で電子版として閲覧することができます。）これらは岡崎氏のご尽力によるものです。岡崎氏は同社の人気雑誌Numberの初代編集長です。そのような方が中津に注目してくださり、同社で中津の図書、記事を扱ってくださったことは、未来塾の活動に大きな力を与えてくださいました。未来塾を代表し、お礼申し上げます。

本書出版は10年に亘る企画の具体化です。没となった紙面案を含め、多くの方のお世話になりました。出版の素人である私にお時間を下さり、出版経験者であれば常識となっていることを丁寧に説明してくださいました。その多くを、形を変えて本書に生かしています。この場を借りてお礼申し上げます。

先に申しましたが、本書はオンデマンド印刷方式を活用し、逐次更新していきたいと思っています。（少部数であってもISBN番号は取っていますので、国会図書館で閲覧できますし、書店で取り寄せ、購入ができます。）また、今後、内容編の作成に入ります。それらの作業の中で、ここに記載した皆様に引き続きお世話になるでしょう。また、新しき出会いの中で指導を頂く場面も出てくるでしょう。ここに、関係者の皆様に改めて感謝を申し上げ、今後の活動を誓う次第です。

文献・許諾

引用文献

- 長谷川他（2014）「はじめての英語学 改訂版」長谷川瑞穂編著、研究社
- 長谷川他（1998）「英語総合研究」長谷川瑞穂編著、研究社出版
- 松村（2019）「大辞林 第四版」松村明・三省堂編修所編
- 「デジタル大辞典」小学館
- 「Lexicon Latino-Japonicum Editio Emendata 羅和辞典〈改訂版〉」水谷智洋編、研究社、2009 年
- 「ことばを鍛えるイギリスの学校」山本麻子、岩波書店、2003 年
- 「こえことばのレッスン1 こえ編」さきえつや著、晩成書房、1987 年
- 「チャップリン再入門」大野裕之、日本放送出版協会、2005 年
- 「チャップリンとヒトラー メディアとイメージの世界大戦」大野裕之、岩波書店、2015 年
- 「大学生・社会人のための言語技術トレーニング」三森ゆりか、大修館書店、2013 年
- Roach (2009) “English Phonetics and Phonology – A Practical Course - 4th Edition” Peter Roach, Cambridge University Press
- Gambrell (2013) “Help Your Kids with Language Arts” Linda B. Gambrell, Susan Rowan, Stewart Savard, DK Publishing
- Crown I, II(2019) “Crown English Expression New Edition I, II” 三省堂

本書にて引用した詩歌 15 編の著作権管理

- （一社）日本音楽著作権協会「（仮称）未来塾のすすめ」許諾番号 2010710-00P
  本書にて使用している詩歌は、パブリックドメイン分を含め、全て著作権管理者の承認を取り、日本音楽著作権協会の許諾を得ている。

“The Great Dictator” に係る著作権利用許諾契約

- 管理団体 Roy Export S.A.S (Paris, France)
  契約書締結日：2020 年 10 月 19 日

“I Have a Dream” に係る著作権利用許諾契約

- 管理団体 Writers House (New York, USA, Dr. Martin Luther King の知的財産管理組織からの委託先)
  契約書締結日：2020 年 11 月 25 日

論文・記事・映像

- 奥村他（2016）「ことばの発達、日本語と英語で何が違う？」奥村優子 NTT コミュニケーション科学基礎研究所他、NTT 技術ジャーナル , vol.28, no.9, pp.21-25, 2016.09.
- 「中津燎子の英語チャレンジ教室 第 1 章〜第 10 章＋最終回」週刊文春、1977 年 10 月 13 日号〜同年 12 月 22 日号
- NHK 総合テレビ プレミアム 10「チャップリン 世紀を超える」（NHK 京都放送局製作）2006 年
- 「中津燎子先生の英語って何？」「中津燎子先生の英語って何？－英語音声訓練①・②」（監修：中津燎子、制作：大阪生活クラブ・坂本充）

以下、中津燎子による著作

- 「声を限りに蝉が哭く」三五館（2010）
- 「英語と運命」三五館（2005）
- 「風のシカゴ―シェリダン・ロード物語」情報センター出版局（1989）
- 「But とけれども考」講談社（1988）
- 「未来塾って、何？ 異文化チャレンジと発音」朝日新聞社（1986）
- 「母国考」情報センター出版局（1984）
- 「子どもに外国語はいらない 地球時代の井戸端会議」文藝春秋（1981）
- 「こども・外国・外国語 ある日とつぜん英語になってしまった子」文藝春秋（1979）
- 「再びなんで英語やるの？」文藝春秋（1978）
- 「異文化のはざまで 英語と日本人の周辺」毎日新聞社（1976）・三修社（1983）
- 「呼吸と音とくちびると」午夢館（1975）
- 「なんで英語やるの？」午夢館（1974）・文藝春秋（1978）・ブックウェイ（2017）

中津燎子の英語未来塾

1999年４月発足。前身は、中津燎子が英語の音声訓練を通じて異文化を理解し、地球市民的視野を持つ人間を育てることを目指して1982年に大阪で始めた「未来塾」。東京では1984年から活動開始。15年間で500名以上が受講。その間に育成されたトレーナーが主体となり、中津燎子が開発した訓練方法を踏まえ、さらに工夫・改良を加えて、1999年より成人を対象に英語発音発声訓練、日本によるディベート導入訓練を実施している。2004年に従来の「未来塾」から「中津燎子の英語未来塾®」に名称を変更。2017年に一般社団法人に法人化。現在、４～７月に初級コース、９～12月に中級コースの訓練を実施している。(2020年以降はコロナの影響により開催方法を変更している。)

URL：http://nakatsu-miraijuku.com/　　連絡先：info@nakatsu-miraijuku.com

中津燎子（なかつ・りょうこ）

1925年、福岡市生まれ。３歳の時（1928年）に、ロシア語通訳であった父の仕事の関係で旧ソ連のウラジオストクに渡る。日ソ関係の悪化により12歳時（1937年）に帰国。戦後、福岡の国連軍にて電話交換手として勤務する。30歳（1956年）で留学の機会を得て渡米。在米中に結婚し、39歳の時（1965年）に一家で帰国し、夫の勤務地であった岩手県盛岡市に住む。その後、家事の傍ら英語塾を開く。その体験記が「なんで英語やるの？」である。この書は1974年度大宅壮一ノンフィクション賞を受賞。未来塾主宰（1982～1998年）、未来塾顧問（1999～2011年）。主な著書として「未来塾って、何？」「風のシカゴ」「英語と運命」「声を限りに蝉が哭く」等。2011年６月、85歳にて逝去。

中津燎子の英語音声塾
一から作る自分の英語音

2022年４月15日　初版発行

編　　者　古屋 秀樹
発 行 者　一般社団法人 中津燎子の英語未来塾
発 売 元　学術研究出版
〒670-0933　兵庫県姫路市平野町62
[販売] Tel.079(280)2727　Fax.079(244)1482
[制作] Tel.079(222)5372
https://arpub.jp
印 刷 所　小野高速印刷株式会社

ISBN978-4-910733-10-4

乱丁本・落丁本は送料小社負担でお取り換えいたします。